읽고 묵상하는 성경 공부 시리즈 **믿음의 나무 6**
믿음의 가지 교실 2권

말씀의빛

읽고 묵상하는 성경 공부 시리즈 믿음의 나무 6
믿음의 가지 교실 2권

지은이/김연수
펴낸이/김하정
펴낸곳/말씀의빛
편집책임/김지훈
디자인/김지훈
출판신고/2025년 11월 24일 제2025-000008호
초판 1쇄 인쇄/2026년 1월 6일
초판 1쇄 발행/2026년 1월 15일

주소/인천 동구 화도진로187 만석비치타운 110동 1204호
전화/010-6323-2067
ISBN 979-11-996090-5-1

성경 공부 시리즈 「믿음의 나무」를 발간하면서

성경 공부 시리즈 「믿음의 나무」는 농부가 옥토를 찾아 '씨앗'을 심은 후에 '뿌리'를 내리고 '가지'를 뻗고 나서 '열매'를 맺듯이, 신앙의 기초에서 시작해서 성장을 거쳐 삶 속에서 믿음을 실천하도록 돕는 것을 목적으로 제작한 성경 공부 교재입니다. 필자는 목사 안수를 받은 후 교회 현장에서 16년의 목회 경험과 장년 성경 공부 10여 년의 인도 경험을 바탕으로, 말씀을 사랑하지만 어디서부터 시작해야 할지 몰라 머뭇거리는 성도들을 돕고자 이 시리즈를 집필하였습니다. 신앙 성숙의 원리를 구체적인 상황과 연결함으로써 '말씀을 아는 성도'에서 '말씀을 살아내는 제자'로 성장하도록 이끌고자 했습니다. 이 시리즈의 교재들을 배우고 익히면서 한 걸음씩 말씀을 따라가다 보면, 씨앗이 심겨지고 뿌리를 내리며, 가지를 풍성하게 뻗어서 아름다운 열매를 맺는 신앙 성장의 은혜를 누리게 될 것입니다. 본서에 인용된 모든 성경 구절은 「개역개정」을 따릅니다.

성경 공부 시리즈 「믿음의 나무」를 아래와 같이 구성했습니다. 본 교재는 3단계 : 「믿음의 가지 교실 Ⅱ권」입니다.

- 1단계 : 「믿음의 씨앗 교실 Ⅰ권」
  「믿음의 씨앗 교실 Ⅱ권」

- 2단계 : 「믿음의 뿌리 교실 Ⅰ권」
  「믿음의 뿌리 교실 Ⅱ권」

- 3단계 : 「믿음의 가지 교실 Ⅰ권」
  「믿음의 가지 교실 Ⅱ권」

- 4단계 : 『믿음의 열매 교실 Ⅰ권』
　　　　　　『믿음의 열매 교실 Ⅱ권』

　본 시리즈의 각 교재들은 '단계적 연속성'을 지닙니다. 따라서 1단계 Ⅰ권부터 4단계 Ⅱ권까지 여덟 권을 차례대로 공부하면 좋겠지만, 그렇다고 해서 반드시 순서를 따를 필요는 없습니다. 어느 단계의 교재이든지 마음이 가는 것을 골라서 하나님 말씀을 배우고 묵상하면서 순종으로 이어 가겠다는 마음이면 충분합니다.

　필자는 본 시리즈의 교재들을 우선적으로 개인이 하루에 한 과씩 정독하고 묵상하면서 공부하도록 설계하였습니다. 교재의 내용들을 연속으로 읽어 내려가기보다는, 조용한 장소를 찾아서 하루에 한 과씩 내용을 읽고 묵상하신 후에 마지막 단락에 있는 "성경 공부를 통해서 얻은 통찰 메모하기"로 마무리하시길 권합니다. 아울러 본 교재는 소그룹 나눔과 강의식 성경 공부에도 무리 없이 활용할 수 있도록 내용이 구성되어 있습니다. 개인 학습으로 다져진 통찰을 공동체와 함께 나누되, 리더의 강의와 토론을 통해 이해를 확장하고 교재에 있는 여러 나눔의 내용들을 소그룹 안에서 나누실 것을 권합니다. 이러한 나눔과 피드백의 선순환이 배움이 생활의 습관으로 이어지도록 도움을 줄 것입니다.

　시리즈의 각 교재들마다 '나눔 거리'(객관식과 주관식)를 풍성하게 담아서, 독자들이 배운 내용을 공부하는 자리에서 되새기면서 적용하도록 하였습니다. '나눔 거리'는 성경 지식을 머리에만 머물지 않고, 마음과 삶으로 옮겨가도록 돕는 통로가 됩니다. 나눔을 통해서 말씀이 구체적인 삶의 적용점으로 이어지며, 나아가서 '개인의 깨달음'이 '공동체의 지혜'로 확장되는 징검다리가 될 것입니다. '나눔 거리'는 대부분 객관식으로서, 객관식 나눔의 답이 하나일 때도 있고 여러 개일 때도 있고 전부일 때도 있습니다. 주관식 나눔도 일부 들어가 있는데, 주관식 나눔의 목적을 교재의 내용을 묵상하는 중에 나눔을 천천히 읽고 곰곰이 생각해 보는 과정을 가짐으로써, 사고의 폭이 넓어지고 삶의 실천으로까지 나아가도록 하는 데에 두었습니다. 교재의 마지막 부분에 객관식 나눔의 답과 주관식 나눔에 대한 예시 답변을 실어놓았으니, 묵상을 마치신 후에 참조하시면 되겠습니다.

본 시리즈는 '지식'을 넘어 '삶'으로 이어지는 믿음의 여정으로 안내하는 것에 주안점을 두었습니다. 본 시리즈의 교재들이 독자들에게 하나님과의 관계를 다시금 점검하면서, 흔들림 없는 믿음으로 나아가도록 그 토대를 세워 줄 것입니다. 바라기는 본 시리즈의 교재들을 접하는 모든 이들이 말씀의 반석 위에 굳건히 서며, 신앙 공동체 안에서 함께 믿음의 성장을 이루어가는 기쁨을 누리게 되기를 소망합니다.

본 교재(『믿음의 가지 교실 Ⅱ권』)는 10주 과정으로서, Ⅰ권에 이어서 '믿음'이라는 주제를 계속해서 심도 있게 다룹니다. 신앙생활의 근저인 '믿음'을 널리 다루면서, 믿음의 성격과 방향을 다각도로 살펴보았습니다. 전반부에서는 믿음의 성장이 어떻게 이루어지는지를 다룹니다. 이어서 성경 인물들의 모범을 통해서 성숙한 믿음이 무엇인지를 배우고, 이어서 믿음의 정체성과 그 열매, 하나님이 주시는 믿음의 유업과 기쁨을 다룹니다. 나아가서 믿음이 공동체와 세상으로 어떻게 확장되는지를 다루고, 믿음의 동역과 확장을 다룹니다. 마지막으로 세상으로 믿음의 영향력이 확대되면서 헌신으로 완성되는 과정을 다룹니다. 『믿음의 가지 교실 Ⅱ권』의 목적은 믿음의 성장과 그 열매, 믿음의 기쁨과 확장, 그리고 믿음의 영향력과 헌신으로 이어지는 믿음까지, 믿음의 전 과정을 다루면서 독자들이 균형 잡힌 성숙한 신앙을 세워 가도록 하는 데에 있습니다.

원고 집필 과정 내내 관심과 기도로 응원해 주신 모든 분들께 감사를 드립니다. 특별히 광성교회에서 10년간 성경 공부를 인도할 수 있도록 배려해 주신 남광현 위임목사님께 감사드립니다. 목사님의 관심과 넓은 배려 속에서 풍부한 성경 공부 경험을 쌓을 수 있었습니다. 그리고 지난 10여 년 동안 저의 성경 공부 강의에 성실하게 참여하신 광성교회의 여러 성도님들께도 감사드립니다. 바쁜 목회 일정 속에서도 본 교재의 디자인을 맡아 주신 김지훈 목사님께 깊이 감사드립니다. 세심한 미감과 구조화 덕분에 글의 내용의 가독성과 전달력이 한층 높아졌습니다. 본문을 정성껏 교정해 준 동생 김지연 집사에게도 감사의 마음을 전합니다. 꼼꼼하게 오타를 점검하면서 문장을 다듬어줌으로써 글의 정확성과 품격이 크게 향상되었습니다.

바라기는 이 작은 책이 하나님을 사랑하는 독자들의 신앙 여정에 따뜻하고 섬세한 동반자가 되기를 바랍니다.

2025년 11월 24일
김 연 수

이 책을 개인적으로 공부하는 방법

(매일 또는 한 주에 한 과씩 10주 과정으로 읽고 묵상하실 것을 권합니다.)

1. 공부 준비(3분): 교재와 함께 필기구를 준비하고 조용한 장소를 찾아서 기도를 한 후에 성경 공부를 시작합니다.

2. 개요 파악(5분): "학습 포인트"를 읽은 후에 해당 과가 어떤 소제목들과 내용으로 구성되어 있는지를 훑어보면서 파악합니다.

3. 본문 읽기(20분): 본문을 정독해서 읽어 내려가는 중에 핵심 문장들에 밑줄을 긋고 그 의미를 새겨봅니다.

4. "함께 나누어요"(17분): 본문의 마지막 항목마다 "나눔 거리"가 들어가 있습니다. 정답 유도형 나눔이 아니라 자기반성적이고 성찰적인 성격의 나눔입니다. 읽은 본문을 근거로 답을 찾도록 구성되어 있어서, 객관식 나눔의 정답을 쉽게 찾을 수 있습니다. 객관식 나눔에서는 정답과 틀린 답변들을 보면서, 나와 내가 속한 공동체가 어떤 모습을 띠는지를 잠깐씩 돌아보는 시간을 갖습니다. 주관식 나눔에서도 특별히 답을 찾으려 하지 말고 나눔의 의도가 어디에 있는지를 생각해 보는 정도이면 좋습니다. 중요한 것은 '정답'보다 '진심 어린 성찰'입니다. 교재의 마지막에 "함께 나누어요 - 정답"을 실어놓았으니, 성경 공부를 마친 후에 정답을 비교해 보시면 되겠습니다.
cf) 객관식 나눔의 정답이 하나일 때도 있고 여러 개일 때도 있습니다.

5. 통찰 메모와 마무리 기도(10분): 성경 공부를 마치면서 공부한 내용을 머리에 떠올리면서 마지막 메모 란에 "통찰"을 적습니다. 이때 통찰에 주중 실천 사항 한 가지 정도가 포함되면 좋습니다. 통찰을 기록한 후에 기도로 마무리하면서 성경 공부를 마칩니다.

이 책을 소그룹에서 공부하는 방법

(소그룹 리더용 - 한 주에 한 과씩 10주 과정으로 읽고 묵상하실 것을 권합니다.)

1. 오프닝 & 기도(5분): 리더가 소그룹 멤버들을 환영하고 서로 인사를 나누도록 한 후에 기도로 성경 공부를 시작합니다.

2. 개요 파악(5분): 리더가 소그룹 멤버들과 함께 "학습 포인트"를 읽으면서 해당 과가 어떤 소제목들과 내용으로 구성되어 있는지를 훑어보면서 파악하도록 이끕니다.

3. 본문 읽기(20분): 리더는 성경 공부 전에 본문의 각 소제목에서 핵심 설명이 무엇인지를 미리 파악하면서 요점을 파악하셔야 합니다. 성경 공부 시 미리 파악한 요점을 간략하게 설명합니다.

4. "함께 나누어요"(20분): 본문의 마지막 항목마다 "나눔 거리"가 들어가 있습니다. 정답 유도형 나눔이 아니라 자기반성적이고 성찰적인 성격의 나눔입니다. 읽은 본문을 근거로 답을 찾도록 구성되어 있어서, 객관식 나눔의 정답을 쉽게 찾을 수 있습니다. 객관식 나눔에서는 리더가 정답과 틀린 답변들을 가지고 지체들이 자신들의 신앙생활이 어떤지를 돌아보도록 이끌어야 합니다. 주관식 나눔에서도 특별히 답을 찾으려 하지 말고, 리더가 나눔의 의도가 어디에 있는지를 지체들이 생각하도록 이끄는 정도이면 좋습니다. 중요한 것은 '정답'보다 '진심 어린 성찰'입니다. 교재의 마지막에 "함께 나누어요 - 정답"을 실어놓았으니, 성경 공부를 준비하실 때 정답을 참조하면서 나눔의 방향성을 잡으시면 되겠습니다.

cf) 객관식 나눔의 정답이 하나일 때도 있고 여러 개일 때도 있습니다.

5. 통찰 메모와 마무리 기도(10분): 리더는 성경 공부를 마치면서 지체들이 공부한 내용을 머리에 떠올리면서 메모란에 "통찰"을 적도록 인도합니다. 지체들이 적은 통찰을 소그룹에서 짧게 나눈 후에 기도로 마무리하면서 성경 공부를 마칩니다.

김 명 용 (前 장로회신학대학교 총장, 온신학아카데미 원장)

　김연수 목사가 성경 공부 시리즈 「믿음의 나무」(1-8권)를 펴내게 됨을 진심으로 기쁘게 생각합니다. 이 시대의 한국교회 성도들에게 꼭 필요한 성경 공부 교재입니다. 성경 지식을 전달하는 데만 머무르지 않고, 말씀을 삶으로 살도록 하는 실제적 동력을 제공해 줍니다. 매 과마다 학습 포인트를 먼저 제시하면서 본문과 나눔과 적용의 구조로 명확하게 이루어져 있어서 누구나 부담 없이 혼자서 이 교재를 읽으면서 공부할 수 있습니다. 나아가서 새가족반(기초반), 양육자반(중급반), 성숙자반(상급반) 등 다양한 소그룹 성경 공부 교재로도 손색이 없습니다. 교회 교육의 표준을 찾는 분들에게, 저는 확신을 가지고 이 시리즈를 추천합니다. 성경 공부 시리즈 「믿음의 나무」가 각 교회와 가정에서 성도들의 믿음의 토대를 깊게 세우고, 예수 그리스도의 제자의 삶을 일상 속에서 풍성하게 살아가도록 이끌기를 소망하면서 기쁨으로 본서를 권합니다.

추천의 글 2

정 성 진 (거룩한빛광성교회 은퇴목사, 실천신학대학원대학교 총장)

교회에서 예배 다음으로 중요한 것이 성경 공부요 목사의 사역 중 설교 다음으로 성경을 가르치는 것이 중요합니다. 성경 공부 교재를 만드는 분들은 대부분 기독교 교육 전공자들이고, 성서학을 전공하는 분들이 간혹 있습니다. 그런데 김연수 목사는 조직신학박사입니다. 조직신학자로서 방대한 분량의 성경 공부 교재를 발간한 일은 매우 드문 경우입니다. 김연수 목사의 목회 여정을 살펴보니 광성교회 부목사로서 성인 성경 공부를 9년간 인도하면서 그 경험을 바탕으로 시리즈별 성경 공부 82주 과정의 방대한 교재를 집필한 것임을 알게 되었습니다. 조직신학자가 집필한 성경 공부 교재답게 기초과정, 중급과정, 상급과정, 성숙자과정으로 체계적으로 잘 구성되어 있음을 보았습니다. 성인 성경 공부 교재가 부족한 한국교회에 매우 반가운 일입니다. 김연수 목사의 노고를 치하드리며 한국교회 성숙에 크게 이바지하게 될 것을 믿어 기쁨으로 추천하는 바입니다.

윤 철 호 (장로회신학대학교 명예교수)

성경 공부 시리즈 『믿음의 나무』는 신앙의 기초를 든든히 세우고 싶은 모든 성도에게 꼭 필요한 성경 공부 교재입니다. 저자의 풍부한 목회 경험이 담긴 이 책은 말씀을 알고-묵상하고-살아내는 신앙의 여정을 따뜻하게 안내합니다. 하루 한 과씩 묵상하도록 설계된 구성과 풍성한 나눔 요소는 개인 학습은 물론 소그룹 공부에도 탁월합니다. 신앙의 씨앗이 자라 뿌리를 내리고 열매 맺도록 돕는 귀한 도구로서, 말씀 앞에서 다시 출발하고자 하는 모든 분께 기쁘게 추천합니다.

추천의 글 4

최 윤 배 (前 장로회신학대학교 조직신학 교수/現 객원교수)

추천인은 김연수 박사님의 옥저, 성경 공부 시리즈 『믿음의 나무』(8권)를 크게 두 가지 이유에서 모든 평신도들과 신학도들과 목회자들에게 강력하게 기꺼이 추천드립니다.

첫째, 저자가 김연수 박사님이기 때문입니다. 추천인은 그의 장로회신학대학교 학부(Th.B.)와 신학대학원 교역학석사(M.Div.) 과정에서 만난 이후, 그의 조직신학 전공 신학석사(Th.M.) 학위논문과 신학박사(Th.D.) 학위논문 지도교수로 함께 하였습니다. 그리고 그는 조교로서 추천인을 옆에서 직접 돕기도 하였습니다. 오랫동안 가까이서 경험한 김연수 박사님은 한결같이 성실하고 신실한 믿음의 신학도이며, 전도사며, 목사며, 신학자였습니다.

둘째, 본서의 내용과 저술 방법 때문입니다. 이 땅에 수많은 신앙 서적들이 있지만, 아쉬움을 가진 서적들이 많습니다. 내용이 난해하거나 부실한 경우가 적지 않습니다. 그러나 김연수 박사님의 『성경 공부 시리즈』는 내용이 아주 성경적이고 복음적인 동시에, 신앙백과사전과 같은 방대한 성경과 교리 내용이 아주 간결하고도 명쾌하게 진술되어 있습니다. 이에 본서를 평신도와 신학도와 목회자 모두가 읽고 배우며 삶과 교회에 실천하길 바라면서, 한국교회의 성숙을 위해 자신 있게 추천합니다.

추천의 글 5

신 옥 수 (장로회신학대학교 조직신학 교수)

하나님의 신실한 종 김연수 목사가 성경 공부 교재를 출간하게 됨을 진심으로 축하 드립니다. 건강한 신앙과 탄탄한 신학적 지식을 바탕으로 짜임새 있게 구성된 책이라고 생각합니다. 무엇보다도 하나님의 말씀을 사랑하고 교회를 사랑하는 마음이 가득 담겨 있습니다. 다양한 주제를 통해 신앙의 기초를 쌓을 수 있도록 풍성한 말씀의 식탁을 베풀고 있습니다. 말씀을 묵상하고 함께 나눔으로써 성도들의 실제 생활에 적용할 수 있도록 구성되었습니다.

김목사님은 장로회신학대학교 대학원에서 조직신학 박사 학위를 취득했는데, 누구보다도 탁월하고 성실하며 근면한 모습을 보여주었습니다. 10여 년 동안 교회 현장에서 성도를 사랑하고 섬기는 한결같은 자세로 성경 공부를 인도해왔으며, 이제 그 열매를 한국교회 앞에 내놓게 되었습니다. 본 저서가 하나님의 말씀에 대한 열정을 지닌 성도들에게 마른 가뭄에 생수처럼 다가갈 수 있기를 바랍니다. 성도들의 삶의 변화를 낳는 소중한 기회를 제공함으로써 말씀 공동체의 성숙을 위한 디딤돌이 되기를 기대합니다.

남 광 현 (광성교회 위임목사)

김연수 목사님은 제가 아는 목사님들 중 가장 목사님다운 목사님 중 한 분입니다. 우리 교회 청년부를 맡으면서부터 알게 되어 지금까지 10년을 같이 동역한 목사님입니다. 그런데 그렇게 선할 수 없습니다. 목사님은 학창 시절 공고 출신으로서 학교 다닐 때 모자를 삐딱하게 쓰고, 가방에 연장을 들고 다녔고, 그리고 성인이 되어서는 인천 당구 300 정도였다 합니다. 예수님을 만나기 전의 김연수는 어떤 사람이었을까, 가히 짐작이 갈 것입니다. 그러나 제가 지난 10년 동안 경험한 김연수 목사님은 정말 선한 목자입니다. 그렇다면 무엇이 그를 이렇게 변화시켰을까? 예수님입니다. 그분의 말씀입니다.

이번에 출간하는 성경 공부 시리즈 「믿음의 나무」는 그것을 보여줍니다. '씨앗'에서부터 시작하여 '뿌리', '가지', 그리고 '열매'에 이르는 변화! 그 내용은 오늘의 김연수 목사를 가능하게 한 하나님을 향한 그의 신앙고백과도 같습니다. 그가 공부했고, 그가 살았고, 그가 경험했고, 이제 묻고 답하는 과정 속에서 알아가게 되는 하나님입니다.

김연수 목사님은 조직신학 박사이기도 하지만, 우리 광성교회에서 수년간 목회와 성경 공부 사역을 성심을 다해 섬겨 온 목자입니다. 이 책은 김연수 목사님의 신학적 고민과 목회적 통찰이 알차게 담긴 결실입니다. 본 시리즈는 성경 본문에 기초해서 교리와 삶을 유기적으로 연결하며, 개인 묵상과 소그룹 나눔이 자연스럽게 맞물리도록 설계되어 있습니다. 질문과 적용이 선명하고 한국교회 현실에 맞춘 예시들이 독자들의 일상 속 순종을 구체적으로 이끌어줍니다. 말씀을 '아는 것'에서 멈추지 않고 '따르는 것'으로 이끄는 구조가 돋보이며, 교회 공동체가 같은 언어로 복음을 고백하고 실천하도록 돕는 좋은 커리큘럼입니다.

저는 본 시리즈가 우리 교회의 성도들뿐 아니라 한국교회 곳곳의 소그룹과 교육부서에서 널리 쓰이기를 진심으로 권합니다. 김연수 목사의 신실한 신앙과 탄탄한 연구가 만들어 낸 이 귀한 교재를 기쁨으로 추천합니다.

차 례

믿음의 성장

1과. 믿음의 성장

1과. 믿음의 성장

학습 포인트

1. 믿음이 말씀과 훈련을 통해 점차 견고해짐을 배운다.
2. 고난 속에서의 순종이 믿음을 성숙하게 함을 깨닫도록 한다.
3. 신앙 공동체와의 연대 속에서 믿음이 성장함을 알게 한다.
4. 자아를 내려놓고 순종할 때 믿음의 성장이 시작됨을 배운다.

믿음은 계속해서 자라가야 하는 살아있는 생명체와 같습니다. 하나님께서 우리에게 원하시는 것은 그 자리에 머물러 있는 정체됨이 아니라 앞을 향해 나아가는 성숙과 성장입니다. 신앙이 깊어질수록 삶의 방향이 바뀌고, 하나님의 뜻에 더욱 민감해지며, 영적 분별력까지 습득하게 됩니다. 다만, 믿음은 저절로 자라지 않습니다. 말씀을 배우고, 기도하며, 순종하고, 공동체 안에서 훈련받을 때 비로소 믿음이 성장합니다. 믿음의 성장은 하나님과의 꾸준한 동행에서 비롯되며, 때로는 실패의 경험을 통해서 더욱 견고해지기도 합니다. 신앙인들은 흔들릴지라도 다시 일어나 하나님을 바라보며, 성장의 걸음을 멈추지 말아야 합니다.

[들어가면서]

예전에 친구가 마라톤을 준비한다고 해서 함께 운동을 한 적이 있습니다. 처음에는 1km만 뛰어도 숨이 턱까지 차서 '이걸 어떻게 42km나 뛰나' 싶었습니다. 그런데 매일 조금씩 거리를 늘리고, 체력을 기르고, 좋은 자세를 배우다 보니, 어느새 10km, 15km를 거뜬히 뛰게 되었습니다. 그때 깨달았습니다. "한 번에 완성되는 것은 없구나! 매일 조금씩, 꾸준히 훈련해야 성장하는구나!"

믿음도 비슷한 것 같습니다. 갑자기 강해지는 게 아니라, 매일 말씀을 붙잡아야 됩니다. 때로는 어려운 순간을 지나는 중에 순종을 선택하면서 믿음이 성장하기도 합니다. 처음에는 버겁고 어려운 것 같아도, 시간이 지나면 '이 길을 걸어오길 잘했다'는 마음이 내 안에 생겨납니다. 드라마틱한 성장은 아니어도, 성도의 믿음은 분명히 '어제보다 오늘 더' 성장해 있습니다.

1. 훈련을 통해서 다듬어지고 성장하는 믿음(to Practice)

믿음은 한순간의 결단으로 완성되지 않습니다. 꾸준한 훈련과 영적 습관을 통해서 믿음이 성장하고 깊어집니다. 매일 말씀을 읽고 묵상하며 하나님의 뜻을 알아가는 것은 믿음의 근력을 키우는 운동과 같습니다. 기도 역시 하나님과의 교제를 지속시키는 훈련으로, 나의 생각과 감정을 하나님께로 이끌어 갑니다. 나아가서 우리 신앙인들에게 섬김과 나눔도 믿음을 단련하는 귀한 채널입니다. 여러 영적 훈련들이 더해지면서 점점 더 분별력을 갖춘 성숙한 믿음의 사람이 됩니다. 처음에는 어색하고 어려워도, 반복되는 영적 훈련을 통해서 성도의 삶 전체가 믿음 중심으로 재구성됩니다.

믿음은 저절로 자라지 않습니다. 의도적인 훈련을 하지 않는다면 쉽게 흔들릴 수밖에 없는 것이 성도의 실제 모습입니다. 그렇기에 믿음의 성장을 이루어 나가기 위해서 신앙인들은 훈련받는 것을 삶의 중요한 우선순위로 삼아야 합니다. "망령되고 허탄한 신화를 버리고 경건에 이르도록 네 자신을 연단하라"(딤전 4:7).

처음에는 어색했지만, 반복하면서 익숙해진 신앙 훈련이 있나요? 그것이 어떤 것인가요?

① 아침에 눈 뜨자마자 짧게 기도하는 훈련

② 말씀을 읽고 마음에 드는 구절을 메모장에 적어 보는 훈련

③ 예배 시간에 찬양할 때 가사에 집중하는 훈련

④ 식사 기도할 때 진심을 담아서 기도하는 훈련

⑤ 교회에서 처음 보는 사람에게 먼저 인사하는 훈련

⑥ 매일 밤 하루를 돌아보며 감사 제목을 한 가지 떠올리는 훈련

2. 시험과 연단을 극복하면서 성장하는 믿음(to Overcome)

믿음은 이리저리 흔들리고 요동치는 과정에서 더욱 깊어지는 성격을 갖습니다. 이런 점에서 볼 때 예기치 못한 어려움과 고난이 성도에게 믿음을 시험하는 도전이 될 수 있습니다. 그런 일들은 우리의 믿음이 하나님께 뿌리내리고 있는지를 확인하는 기회가 됩니다. 그 순간에 포기하지 않고 하나님을 붙드는 선택이 믿음을 견고하게 만듭니다.

따라서 신앙인들은 눈물의 아픔 속에서 하나님을 찾는 시간이 믿음이 깊게 뿌리내리는 연단의 과정이 됨을 인정해야 됩니다. 연단받는 그 시간이 고통스러운 것은 사실이지만, 불순물이 걸러지면서 신자의 가슴 안에 하나님께 향한 참된 신뢰가 깊게 뿌리를 내립니다. 그렇게 고난을 통과한 후에 한층 겸손하고 성숙한 믿음의 사람으로 우뚝 서게 됩니다. 이런 점에서 볼 때 성도에게 연단의 시간은 하나님께서 여전히 나를 다듬고 계시며, 포기하지 않으신다는 사랑의 표현입니다. "그러나 내가 가는 길을 그가 아시나니 그가 나를 단련하신 후에는 내가 순금같이 되어 나오리라"(욥 23:10).

힘든 경험으로 마음이 많이 무너진 후에 하나님을 더욱 붙잡게 된 계기가 있었나요?

① 우연히 들은 찬양 한 곡이 마음을 울렸다.

② 친구의 짧은 한마디 말이 위로가 되었다.

③ 눈물 나도록 기도한 후에 마음에 평강이 찾아왔다.

④ 성경 구절 하나가 마치 나의 이야기처럼 다가왔다.

⑤ 교회에서 받은 따뜻한 환대와 관심이 힘이 되었다.

⑥ 그 순간에 오직 하나님밖에 없다는 생각이 들었다.

3. 순종의 경험을 통해서 성장하는 믿음(Experience of Obedience)

믿음은 머리로 이해하는 것을 넘어서, 삶으로 순종할 때 비로소 깊어집니다. 믿음의 여정에는 크고 작은 순종의 전환점들이 있습니다. 말씀에 순종하면서 신앙적으로 합당하지 않은 직장을 포기하고 다른 직장으로 이직을 하거나, 죄악 된 관계를 단호하게 끊거나, 누군가를 용서하거나, 새롭게 섬김을 시작하거나 등등...

순종은 때로 손해처럼 보이고 부담을 동반하지만, 그 자리에 하나님의 은혜가 준비되어 있습니다. 특히 마음 깊은 곳에서 내려진 진실된 순종의 결단은 믿음을 양적인 도약에서 질적인 도약으로 바꾸어 냅니다. 신앙인들은 순종의 걸음을 걸으면서, 하나님의 임재와 인도하심을 더욱 깊이 경험하는 사람들입니다. 믿음은 말씀에 대한 순종 없이는 자라지 않습니다. 순종은 믿음을 삶으로 증명하게 하는 과정입니다. "예수께서 대답하여 이르시되 사람이 나를 사랑하면 내 말을 지키리니 내 아버지께서 그를 사랑하실 것이요 우리가 그에게 가서 거처를 그와 함께 하리라"(요 14:23).

하나님 말씀에 순종해서 무언가를 포기하거나 내려놓았던 경험이 있나요?

4. 신앙 공동체 안에서 성장하는 믿음(Faith Community)

믿음은 혼자만의 힘으로는 자라기 어렵고, 함께할 때 더욱 견고해지는 특성을 지니고 있습니다. 이런 점에서 신앙은 '개인적'이면서 동시에 '공동체적'이라 할 수 있습니다. 믿음의 공동체는 믿음을 격려하면서 나를 붙들어주는 영적 울타리와 같습니다. 신앙인들에게 교회 안에서의 친교와 나눔, 중보 기도와 권면은 믿음의 성장을 위한 영적 자양분이 됩니다. 삶이 무너질 것 같은 어려움의 시기에도, 함께 기도해 주는 누군가가 있다는 사실이 커다란 힘과 위로가 됩니다.

때로는 공동체 안에서 혼자일 때 보지 못했던 서로의 연약함을 볼 때도 있지만, 성숙한 성도는 그것을 통해서 이해와 용납을 배워갑니다. 누군가의 믿음을 보면서 내가 도전을 받기도 하고, 나의 작은 말과 행동이 다른 이에게 용기를 줄 때도 있습니다. 이런 점에서 볼 때 성도에게 신앙 공동체는 믿음의 여정을 서로 격려하며 함께 걸어가는 동반자의 자리입니다. 믿음은 '나 혼자 잘 믿는 것'을 넘어서, '함께 성장하는 것'으로 깊어집니다. "15 오직 사랑 안에서 참된 것을 하여 범사에 그에게까지 자랄지라 그는 머리니 곧 그리스도라 16 그에게서 온몸이 각 마디를 통하여 도움을 받음으로 연결되고 결합되어 각 지체의 분량대로 역사하여 그 몸을 자라게 하며 사랑 안에서 스스로 세우느니라"(엡 4:15-16).

5. 성령의 인도하심 속에서 성장하는 믿음(to Receive Guidance)

성령의 도우심 없이 믿음은 자랄 수 없습니다. 성령께서 마음을 밝히시고, 진리를 깨닫게 하실 때 믿음이 깊어집니다. 말씀을 들을 때 마음에 찔리고 눈물이 나는 순간이 있다면, 그것은 성령께서 주시는 감동입니다. 성령은 우리 안에서 말씀을 살아있는 현실로 느끼게 하시고, 하나님의 뜻에 민감하게 하십니다. 믿음의 여정 중에 길을 잃은 듯한 순간에도, 성령은 성도를 조용히 이끄시면서 다시금 신앙의 정도를 걷도록 인도하십니다.

신앙인들에게 성령은 하나님의 뜻을 분별케 하는 실제적인 인도자이십니다. 성령께서 하지 말아야 할 일을 멈추게 하실 때도 있고, 해야 할 일을 용기를 내서 하도록 이끄실 때도 있습니다. 성령의 인도하심에 민감할수록, 성도는 더 깊은 믿음으로 자라갑니다.

결론적으로 이렇게 이야기할 수 있습니다. "믿음의 성장은 성령 하나님과 동행하며 그분의 인도하심을 따라가는 일상의 작은 순간들 속에서 이루어진다." "26 또 새 영을 너희 속에 두고 새 마음을 너희에게 주되 너희 육신에서 굳은 마음을 제거하고 부드러운 마음을 줄 것이며 27 또 내 영을 너희 속에 두어 너희로 내 율례를 행하게 하리니 너희가 내 규례를 지켜 행할지라"(겔 36:26-27).

6. 깊은 말씀 묵상을 통해서 성장하는 믿음(Deep Meditation)

믿음의 성장을 위해서는 단순히 말씀을 소리 내서 읽는 것을 넘어서, 깊은 말씀 묵상이 수반되어야 합니다. 묵상은 말씀을 내 삶으로 끌어오는 과정이며, 믿음이 머리에서 삶으로 옮겨지는 통로입니다. 하루 중 짧은 말씀이라도 곱씹으며 마음에 담을 때, 말씀이 나를 붙드는 힘이 됩니다. 신앙인들은 묵상을 통해서 하나님이 무엇을 말씀하시는지를 듣고, 어떻게 살아야 하는지를 발견하는 사람들입니다. 말씀이 마음에 깊이 뿌리를 내릴 때, 상황에 휘둘리지 않을 수 있습니다.

이런 점에서 볼 때 성도에게 묵상은 신앙의 깊이를 더해 주고, 말씀을 현실 속에서 살아내게 하는 영적 훈련입니다. 깊이 묵상한 말씀이 기도와 순종으로 연결되면서, 믿음을 실제적으로 자라게 하는 동력이 됩니다. 삶의 순간마다 말씀이 떠오르고, 그 말씀이 나의 선택을 이끌어갈 때 믿음은 진짜가 됩니다. 신앙인들에게 믿음의 성장은 '말씀과 함께하는 삶'에서 이루어집니다. "1 복 있는 사람은 악인들의 꾀를 따르지 아니하며 죄인들의 길에 서지 아니하며 오만한 자들의 자리에 앉지 아니하고 2 오직 여호와의 율법을 즐거워하여 그의 율법을 주야로 묵상하는 도다 3 그는 시냇가에 심은 나무가 철을 따라 열매를 맺으며 그 잎사귀가 마르지 아니함 같으니 그가 하는 모든 일이 다 형통하리로다"(시 1:1-3).

말씀 묵상이 나의 결정이나 선택에 실제로 영향을 준 적이 있나요?

① 화가 나서 감정대로 말하려고 하다가, 묵상했던 말씀이 생각나서 조용히 참고 넘어갔다.

② 중요한 선택 앞에서 '이 길이 맞을까'를 고민하는 중에 말씀 묵상을 통해서 확신을 얻었다.

③ 용서하고 싶지 않았는데, 묵상한 말씀이 떠올라서 누군가를 용서한 경험이 있다.

④ 하던 일을 내려놓을 결심을 말씀 묵상 중에 하게 되었다.

⑤ 말씀 묵상 후에 미루어두었던 섬김을 실천할 용기를 갖게 되었다.

⑥ 아직 별다른 것은 없지만, 말씀을 붙잡고 살려고 노력하는 중이다.

7. 자아 부인의 훈련을 통해서 성장하는 믿음(Discipline of Self-Denial)

믿음이 성장하기 위해서는 반드시 자아를 부인하는 훈련이 요구됩니다. 신앙은 나를 드러내는 것이 아니라, 나를 낮추고 하나님을 높이는 것입니다. 자기중심적인 사고방식은 끊임없이 '내 생각, 내 감정, 내 판단'을 중심으로 움직이게 합니다. 하지만 예수님을 따르는 제자의 삶은 '자기를 부인하고 자기 십자가를 지는 결단 위에' 세워집니다.

자아를 부인한다는 것이 억지로 나를 지우는 것을 의미하지 않습니다. '내 생각을 내려놓으면서 하나님의 뜻에 나 자신을 기꺼이 위탁하는 것!' 이것이 자아 부인입니다. 이러한 훈련이 고통스러운 것은 사실이지만, 성숙한 믿음으로 나아가기 위해서는 반드시 이 길을 통과해야 합니다. 자아를 부인하는 사람은 기도 중에도 나의 주장을 앞세우지 않고 주님의 음성을 기다릴 줄 알고, 중요한 결정 앞에서도 나의 유익이 아니라 하나님의 영광을 먼저 생각하게 됩니다.

자아 부인의 훈련을 통해서 '나 중심의 사고'에서 '하나님 중심의 사고'로 전환되면서, 삶의 태도와 선택과 관계가 달라지기 시작합니다. 그러면서 자기 안에 계신 그리스도를 드러내며, 진정한 믿음의 열매를 맺게 됩니다. "또 무리에게 이르시되 아무든지 나를 따라오려거든 자기를 부인하고 날마다 제 십자가를 지고 나를 따를 것이니라"(눅 9:23).

함께 나누어요 ❼

자아 부인의 훈련을 위해서, 오늘 내가 실천할 수 있는 '작은 내려놓음'에 무엇이 있을까요?

① 마지막 말 한마디를 냉정하게 내뱉고 싶었지만 참는 것
② 중간에 끊지 않고 끝까지 묵묵히 상대방 이야기를 들어주는 것
③ 하루에 하나씩 감사 제목 한 가지를 적는 것
④ 여기저기 떠벌리고 싶은 자랑을 억제하면서 참는 것
⑤ 화내고 싶은 순간 조용히 기도하면서 마음을 다잡는 것
⑥ '내가 맞다'는 생각을 내려놓고 그 사람을 이해하겠다는 마음을 품는 것

함께 나누어요 ❽

다른 성도들의 믿음의 성장을 위해서 이번 주에 내가 할 수 있는 것이 무엇인지를 생각해 보시기 바랍니다.

지금까지 "믿음의 성장"이라는 주제로 성경 공부를 하였습니다. 성경 공부를 통해서 깨달은 점이나 마음에 남은 은혜나 새롭게 얻은 통찰을 간단하게 적어 보시기 바랍니다. 이 기록이 앞으로 하나님과 함께 걸어갈 믿음의 여정을 새롭게 준비하는 소중한 흔적이 될 것입니다.

예시

성경 공부를 통해서 믿음이 마치 살아 있는 생명체처럼 끊임없이 자라가야 한다는 사실을 마음 깊이 깨달았습니다. 말씀과 기도, 순종과 믿음의 공동체, 성령의 인도하심과 자아 부인의 훈련이 믿음을 자라게 하는 통로라는 사실이 마음에 깊이 와닿았습니다. 앞으로도 나에게 주어진 모든 순간에 하나님을 바라보면서, 멈추지 않고 한 걸음씩 성장의 길을 걸어가겠노라고 다짐해 봅니다.

성경 공부 시리즈 믿음의 나무 6

믿음의 모범

2과. 믿음의 모범

2과. 믿음의 모범

성경은 수많은 믿음의 사람들을 소개합니다. 이들은 후대의 신앙인들에게 믿음의 모범이 되는 인물들입니다. 그들 중에 보이지 않는 미래보다 하나님의 약속을 붙든 사람이 있었습니다. 노쇠했지만 하나님의 부르심에 순종하여 민족을 이끈 이도 있었습니다. 죽음을 무릅쓰고 민족을 살리는 길을 택한 사람도 있었습니다. 세상의 권력 앞에서 신앙을 굽히지 않고 기도를 멈추지 않은 이가 있었는가 하면, 하나님 말씀에 따라서 고난 속에서도 끝까지 믿음을 지킨 이도 있었습니다. 이들의 삶은 오늘을 살아가는 우리 신앙인들에게 믿음으로 선택하고 걸어가야 하는 길이 무엇인지를 일깨워줍니다.

[들어가면서]

제가 아는 어떤 분이 회사에서 굉장히 힘든 결정을 해야 했습니다. 눈앞의 이익을 따라가면서 편하게 결정할 수 있었지만, 그렇게 하는 것은 양심과 원칙에 어긋나는 일이었습니다. 주변에서는 그냥 넘어가도 아무도 모를 거라고 했지만, 그분은 결국 옳은 선택을 붙들었습니다. 그런데 그 선택은 처음에는 손해처럼 보였지만, 시간이 지나면서 오히려 다른 이들이 그분을 신뢰하게 되었습니다. 나중에 그분은 회사에서 중요한 요직에 오르게 되었습니다.

우리는 살면서 여러 선택의 순간들을 만납니다. 그 순간에 보이지 않는 미래보다 지금의 편안함을 선택할 수도 있고, 두려움 때문에 뒤로 물러설 수도 있습니다. 누군가가 믿음과 원칙을 지키는 모습을 보면서, 우리 마음에도 '나도 저렇게 살고 싶다'는 도전이 생길 때도 있습니다. 이것이 '믿음의 모범이 갖는 힘'입니다. 믿음의 모범자들은 지금도 살아서 많은 이들을 올바른 믿음으로 이끌고 있습니다.

1. 아브라함(Abraham)

아브라함은 하나님의 말씀에 즉시 순종한 믿음의 사람입니다. 하나님께서 본토 친척 아버지의 집을 떠나라고 하셨을 때, 아브라함은 미래가 보이지 않았지만 말씀에 순종해서 길을 나섰습니다. 눈에 보이는 안정을 뒤로 한 채 하나님의 말씀에 순종하는 믿음을 보여주었습니다. 또한 그는 백 세가 될 때까지, 자손을 주시겠다는 약속의 말씀을 붙잡고 놓지 않았습니다. 출산이 불가능한 상황에서도, 하나님께서 약속을 반드시 이루신다는 확신이 그의 마음에 자리하고 있었습니다.

그가 보여주는 믿음의 모범은 아들 이삭을 번제로 바치라는 하나님의 명령 앞에서 절정에 달합니다. 사랑하는 아들을 제물로 바치라는 말씀 앞에서, 아브라함은 하나님이 생명까지도 주관하시는 분이심을 신뢰했습니다. 이 믿음은 하나님의 능력을 붙잡는 믿음이었습니다. 아브라함의 믿음은 후대의 신앙인들에게 '말씀에 순종하는 믿음이 무엇인지'를 보여주는 귀한 본보기입니다. '말씀 앞에서 이것저것 따지면서 계산하지 않고 하나님 신뢰를 선택하는 것!' 이것이 아브라함에게서 발견되는 귀한 믿음의 모범입니다. "믿음으로 아브라함은 부르심을 받았을 때에 순종하여 장래의 유업으로 받을 땅에 나아갈새 갈 바를 알지 못하고 나아갔으며"(히 11:8).

2. 요셉(Joseph)

요셉은 어린 시절 형들에게 미움을 받아 낯선 땅에 종으로 팔려 가는 신세가 되었습니다. 하지만 그는 그런 신세에 처했을 때도 어린 나이였지만 묵묵히 자신의 자리에서 충실히 맡겨진 일을 감당했습니다. 또한 보디발 아내의 유혹을 단호히 거절하면서, 사람보다 하나님 앞에서 깨끗하게 사는 것을 선택하는 모습도 보여주었습니다. 그 일로 인해서 누명을 쓰고 감옥에 갔지만, 거기서도 하나님을 향한 믿음을 놓지 않았습니다.

요셉은 언제 어디서나 하나님의 임재를 의식하며 살았던 믿음의 인물입니다. 결정적으로 자신을 괴롭힌 형들을 다시 만났을 때 복수하지 않고, 하나님의 섭리를 고백하며 용서하는 성숙한 믿음의 모습을 보여주었습니다.

요셉의 믿음은 우리 신앙인들에게 보이지 않는 하나님을 의식할 때, 그곳에서 하나님의 일이 시작된다는 것을 보여줍니다. 정직과 순결을 지키는 대가가 당장은 억울한 것처럼 보여도, 때가 되면 하나님께서 그것을 신뢰와 사명의 발판으로 바꾸십니다. 하나님은 악을 선으로 바꾸셔서 많은 사람을 살리시는 역사를 이루어 가시는 분입니다. "19 요셉이 그들에게 이르되 두려워하지 마소서 내가 하나님을 대신하리이까 20 당신들은 나를 해하려 하였으나 하나님은 그것을 선으로 바꾸사 오늘과 같이 많은 백성의 생명을 구원하게 하시려 하셨나니"(창 50:19-20).

다음 중 요셉의 믿음의 핵심을 잘 요약한 것은 무엇인가요?
① 성공의 비결은 네트워킹에 있다.
② 상황이 좋을 때만 감사한다.
③ 보이지 않는 하나님을 의식하면서 가장 낮은 자리에서도 충성한다.
④ 과거의 상처를 잊기 위해서는 환경의 변화가 필요하다.
⑤ 강한 자만이 끝까지 살아남는다.
⑥ 묵묵히 감당하는 성실은 하나님께서 보시기에 아름다운 가치이다.

3. 모세(Moses)

모세는 처음에는 자신의 연로함을 이유로 망설였지만, 결국 하나님의 부르심에 순종하는 모습을 보여줍니다. 말씀에 순종해서 이집트의 왕에게로 가서 하나님의 뜻을 전했습니다. 하나님의 능력을 믿고 홍해 앞에서 백성을 이끌었고, 믿음으로 홍해의 기적을 경험하기도 했습니다. "13 모세가 백성에게 이르되 너희는 두려워하지 말고 가만히 서서 여호와께서 오늘 너희를 위하여 행하시는 구원을 보라 너희가 오늘 본 애굽 사람을 영원히 다시 보지 아니하리라 14 여호와께서 너희를 위하여 싸우시리니 너희는 가만히 있을지니라"(출 14:13-14). 나아가서 모세는 광야에서 수많은 사람들의 원망을 듣는 중에 그 사람들을 위해서 하나님 앞에 엎드리는 모습도 보여주었습니다.

결정적으로 모세는 얼굴을 마주 대하듯 하나님과 깊은 교제를 나눈 믿음의 사람이었습니다. 믿음으로 하나님의 계명을 받아서 백성에게 전했고, 율법의 기초를 세웠습니다. 그의 믿음은 공동체를 위한 인내와 헌신, 그리고 하나님을 향한 전적인 의존으로 드러났습니다. 모세의 믿음은 '하나님을 신뢰하는 리더의 믿음이 무엇인지'를 우리에게 가르쳐줍니다. 또한 모세의 이야기는 우리 신앙인들에게 리더가 부족함을 인정하면서 말씀에 순종할 때 하나님께서 공동체의 길을 여신다는 사실을 증언합니다.

함께 나누어요 ❸

다음 중 모세의 부르심의 초기 반응을 잘 요약한 것은 무엇인가요?

① 하나님의 부르심 앞에서 즉시 카리스마를 발휘했다.

② 조건부로 순종하겠다고 했다.

③ 자신의 부족함을 이유로 망설였다.

④ 애굽의 권력자를 찾아가서 거래를 시도하였다.

⑤ 새로운 도피처를 찾아서 떠났다.

⑥ 침묵하면서 사양했다.

함께 나누어요 ❹

다음 중 모세의 홍해의 기적을 바르게 설명한 것은 무엇인가요?

① 모세의 능력 때문이다.

② 우연한 자연현상이다.

③ 하나님이 행하신 일에 모세가 순종하면서 동참했다.

④ 군중들의 심리를 모세가 이용했다.

⑤ 전설적인 과장이다.

⑥ 아직도 미해결된 수수께끼이다.

4. 한나(Hannah)

　성경은 한나를 오랫동안 아이가 없어서 깊은 슬픔 가운데 있던 중에 그 아픔을 하나님 앞에 쏟아놓은 기도의 사람으로 소개합니다. 사람들의 비난과 조롱을 뒤로 하고, 하나님 앞에서 자신의 심정을 토로했습니다. 그녀는 기도 중에 아들을 주시면 하나님께 바치겠다고 서원했고, 아들을 낳은 후에 하나님 앞에서 했던 약속을 실행에 옮겼습니다. 자신의 약속대로 어린 사무엘을 성소에서 섬기도록 하였습니다.

　한나는 '기도할 때부터 응답받은 후까지' 한결같이 언행을 지키고 삼가는 모습을 보여주었습니다. 하나님의 신실하심을 꼭 붙잡는 믿음의 모습을 보여주었습니다. 한나의 삶은 우리 신앙인들에게 '기도로 시작해서, 믿음으로 순종하며, 감사로 응답을 돌려드리는 믿음의 모범'을 보여줍니다. "1 한나가 기도하여 이르되 내 마음이 여호와로 말미암아 즐거워하며 내 뿔이 여호와로 말미암아 높아졌으며 내 입이 내 원수들을 향하여 크게 열렸으니 이는 내가 주의 구원으로 말미암아 기뻐함이니이다 2 여호와와 같이 거룩하신 이가 없으시니 이는 주밖에 다른 이가 없고 우리 하나님 같은 반석도 없으심이니이다"(삼상 2:1-2).

　우리도 한나처럼 응답받기 이전에도, 응답받은 이후에도, 같은 마음으로 하나님을 신뢰하면서 받은 은혜를 다시 하나님께 올려 드리는 삶을 선택해야 합니다. 그럴 때 우리의 기도가 한나처럼 '순종과 감사로 완성되는 기도'가 될 수 있습니다.

기도 응답을 받은 후에 나는 주로 어떻게 반응하나요?

① 혼자만 누리며 꽁꽁 숨긴다.
② 간증 대신 자랑을 한다.
③ 감사와 예배로 하나님께 영광을 돌려드린다.
④ 받은 것을 가지고 더 섬길 자리를 찾는다.

⑤ 곧바로 다음 기도 제목으로 넘어간다.
⑥ 응답의 유무와 상관없이 동일한 신뢰로 계속 기도한다.

5. 다윗(David)

어린 시절 다윗은 평범한 목동으로, 하나님의 부르심에 믿음으로 응답하였습니다. 그는 거대한 힘의 소유자 골리앗 앞에서 하나님을 신뢰하며 물러서지 않았습니다. 힘과 무기가 아니라, 하나님의 이름을 의지하여 싸운 다윗이야말로 담대한 믿음의 소유자였습니다. 왕이 된 후에도 다윗은 전쟁, 위기, 선택의 순간마다 하나님의 뜻을 먼저 구하는 모습을 보여줍니다. 범죄했을 때 자신의 죄를 감추지 않고, 하나님 앞에서 철저하게 회개하는 모습을 보여주기도 하였습니다. "9 주의 얼굴을 내 죄에서 돌이키시고 내 모든 죄악을 지워 주소서 10 하나님이여 내 속에 정한 마음을 창조하시고 내 안에 정직한 영을 새롭게 하소서"(시 51:9-10).

다윗은 하나님과의 관계가 깨어지는 것을 가장 두려워했습니다. 그의 찬양과 시편에는 기쁠 때나 슬플 때나 하나님께 향한 한결같은 믿음이 여실하게 담겨 있습니다. 이 믿음을 가지고, 그는 하나님을 사랑하고 의지하는 마음을 삶 속에서 드러냈습니다. 하나님은 이렇게 살아가는 다윗을 '내 마음에 합한 자'라고 인정해 주셨습니다(행 13:22).

함께 나누어요 ⑥

'하나님의 마음에 합한 자'를 꿈꾸면서 내가 선택할 수 있는 일상 습관에 무엇이 있을까요?
① 아침에 시편 한 구절을 읽은 후에 기도하기
② 감정은 참지 말고 무조건 쏟아내기
③ 칭찬은 무조건 나의 것으로 만들기

④ 작은 자 하나를 진심으로 배려하면서 섬기기
⑤ 잘못했을 때 즉시 솔직하게 고백하면서 용서를 구하기
⑥ 나의 성공을 여기저기 떠벌리기

6. 에스더(Esther)

에스더는 평범한 유대 여인이었지만, 하나님의 섭리 가운데 페르시아 왕비의 자리에 올랐던 인물입니다. 자신의 민족이 위기에 처했을 때, 처음에는 망설였지만 곧 믿음의 결단을 내렸습니다. "죽으면 죽으리이다"라는 고백은 그녀가 하나님께 자신의 모든 것을 맡기는 담대한 믿음을 가졌음을 보여줍니다. "당신은 가서 수산에 있는 유다인을 다 모으고 나를 위하여 금식하되 밤낮 삼 일을 먹지도 말고 마시지도 마소서 나도 나의 시녀와 더불어 이렇게 금식한 후에 규례를 어기고 왕에게 나아가리니 죽으면 죽으리이다 하니라"(에 4:16).

위기의 순간에 에스더는 즉흥적으로 행동하지 않았고, 금식하며 하나님의 도우심을 구하는 준비의 시간을 가졌습니다. 하나님이 주신 지위를 선용하면서 자기 민족을 도울 수 있는 방안을 모색했습니다. 에스더의 삶은 '하나님의 때에, 하나님의 방법으로 위기에 슬기롭게 대처한 자의 모습이 무엇인지'를 잘 보여줍니다. 풍전등화와 같은 위기의 상황에서도, 에스더는 하나님께서 그 순간에도 일하고 계심을 믿었습니다. 그녀는 위기를 하나님께서 일하시는 기회로 바꾸는 지혜롭고 용기 있는 믿음을 몸소 실천했습니다.

에스더의 이야기는 우리 신앙인들에게 지금의 나의 자리가 하나님의 뜻 안에 있음을 깨닫게 하고, 내가 머무는 자리에서의 용기 있는 결단이 많은 생명을 살릴 수 있음을 가르쳐줍니다. 후대의 신앙인들은 자신의 안위보다 민족의 생명을 더 소중히 여긴 그녀를 '지혜롭고 현숙한 여인'이라고 평가합니다.

7. 다니엘(Daniel)

성경은 다니엘을 포로로 끌려간 이방 땅에서 하나님께 향한 믿음을 지킨 사람으로 소개합니다. 왕의 음식과 포도주를 거절하고, 자신을 더럽히지 않겠다고 결단했습니다. 그는 작은 일에서도 하나님의 마음을 헤아리며 행동했던 영적으로 민감한 사람이었습니다. 높은 자리에 올라간 후에도 교만하지 않았고, 하나님 앞에서 겸손하고 진실하게 살았습니다. 하루 세 번씩 기도하는 습관을 잃지 않았고, 위협 속에서도 자신의 믿음을 숨기지 않고 드러냈습니다. "다니엘이 이 조서에 왕의 도장이 찍힌 것을 알고도 자기 집에 돌아가서는 윗방에 올라가 예루살렘으로 향한 창문을 열고 전에 하던 대로 하루 세 번씩 무릎을 꿇고 기도하며 그의 하나님께 감사하였더라"(단 6:10).

기도하면 사자굴에 던져넣겠다는 지엄한 황제의 명령 앞에서, 그는 평소처럼 창문을 열고 기도했습니다. 이것은 권력자에 대한 두려움보다 하나님을 향한 경외심이 컸기에 나올 수 있었던 행동입니다. 결국 그 지혜와 성실함을 인정을 받으면서, 다니엘은 세상 가운데 하나님의 영광을 널리 드러냈습니다. 그는 위기 속에서도 흔들리지 않으면서, 끝까지 하나님을 붙잡은 믿음의 사람이었습니다. 후대의 신앙인들에게 다니엘은 일상 속에서나 위기 속에서나 똑같이 하나님을 경외한, 변함없는 믿음의 모범의 모습을 보여주었습니다.

다니엘의 용기와 성실을 오늘 나의 삶에 어떻게 적용할 수 있을까요?
① 맡은 일은 끝까지 책임진다.
② 공로를 독차지하지 않고 나를 도와준 동료를 세워준다.
③ 불필요한 말은 줄이고 상대방의 견해를 경청하면서 맡은 일을
　감당한다.
④ 원칙은 지키되, 원칙주의자는 되지 않는다.
⑤ 작은 일에도 동료에게 감사와 격려를 아끼지 않는다.
⑥ 솔직히 아직 내 몫을 감당하는 것도 벅차다.

"일상에서의 작은 선택을 통해서 나의 믿음을 드러낼 수 있다." 이 말에 대해서 어떻게 생각하시나요?

지금까지 "믿음의 모범"이라는 주제로 성경 공부를 하였습니다. 성경 공부를 통해서 깨달은 점이나 마음에 남은 은혜나 새롭게 얻은 통찰을 간단하게 적어 보시기 바랍니다. 이 기록이 앞으로 하나님과 함께 걸어갈 믿음의 여정을 새롭게 준비하는 소중한 흔적이 될 것입니다.

예시

오늘 성경 공부를 통해서 믿음이 나의 선택과 행동을 통해서 드러난다는 것을 배웠습니다. 아브라함의 순종, 요셉의 정직, 모세의 인내, 한나의 기도, 다윗의 회개, 에스더의 결단, 다니엘의 일관된 신앙이 각각의 자리에서 하나님을 어떻게 드러냈는지를 보면서 큰 도전과 감동을 받았습니다. 앞으로 어떤 상황을 만난다 하더라도 하나님을 바라보면서, 그분이 기뻐하시는 길을 선택할 수 있는 용기와 지혜를 구하며 살아가도록 하겠습니다.

믿음의 정체

3과. 믿음의 정체

3과. 믿음의 정체

믿음은 자라가야 할 생명과도 같습니다. 그런데 신앙인들 가운데서 믿음이 자라지 않고, 제자리에 머물러 있는 '정체 상태'를 경험하는 이들이 있습니다. 교회에는 잘 다니고 있지만, 마음속 깊은 곳에서는 하나님께 깊이 다가가지 못하는 영적 무기력함의 상태에 빠져 있습니다. 믿음이 정체된 모습입니다. 이러한 믿음의 정체는 하나님과의 관계를 무디게 만듭니다. 신앙인들은 믿음의 정체를 신호로 삼아서, 회개하고 순종하면서 다시금 그 시선을 하나님께로 돌려야 합니다. "오직 사랑 안에서 참된 것을 하여 범사에 그에게까지 자랄지라 그는 머리니 곧 그리스도라"(엡 4:15).

[들어가면서]

예전에 집에서 작은 화분을 키운 적이 있습니다. 처음에는 매일 물을 주고, 햇볕도 잘 받게 하니까 쑥쑥 자라는 게 보였습니다. 그런데 어느 날부터 바빠서 물 주는 것을 건너뛰고, 화분을 창가에서 치워버렸더니, 잎이 시들고 성장이 멈춰 버렸습니다. 죽지는 않았지만, 그렇다고 살아 있다고도 말하기 어려운 애매한 상태였습니다.

믿음도 비슷한 것 같습니다. 겉으로는 여전히 예배에 참석하고 교회 안에 있지만, 마음 깊은 곳에서 하나님과의 관계가 멀어지고, 말씀과 기도를 멈춰 버립니다. 이렇게 되면 믿음의 성장도 멈출 수밖에 없습니다. 그대로 두면 믿음은 힘을 잃고, 영적 공허감에 함몰되게 됩니다. 그래서 가끔씩 신앙인들은 '내 믿음이 자라고 있는지, 멈춰 있는지를' 점검하는 시간을 가져야 합니다.

1. 해결되지 못한 죄의 문제(Problem of Sin)

해결되지 못한 죄의 문제가 믿음을 정체시킵니다. 은밀한 죄를 계속해서 반복하면, 몸과 마음이 점점 죄에 익숙해지면서 하나님의 음성에 둔감하게 됩니다. 작은 죄라고 해서 방치하면 그것이 점점 마음을 잠식하고, 결국에는 신자를 영적 무감각 상태로 이끕니다. 음란, 미움, 거짓, 정죄 같은 감춰진 죄들은 성령의 역사하심을 가로막는 벽이 되어서, 믿음을 정체시키는 원인이 됩니다. 이러한 죄의 문제들을 방치하면 하나님 앞에 나아가는 것이 점점 어려워져서, 믿음이 제자리걸음을 할 수밖에 없습니다.

자신의 죄를 합리화하는 순간, 믿음은 성장을 멈춥니다. 해결되지 않은 죄는 성도로 하여금 하나님의 임재를 누리지 못하게 하면서, 참된 자유를 빼앗아갑니다. 따라서 죄를 인정하지 않고 그냥 덮어두는 것은 금물입니다. 그러면 믿음은 외형만 남고 실제적인 내적 성숙이 일어나지 않기 때문입니다. 신앙인들은 죄를 외면하지 말고 정직하게 고백하면서 죄에서 돌이키려고 노력해야 합니다. 그럴 때 하나님과의 교제가 회복되고 멈춰 있던 믿음이 다시 자라기 시작합니다. "자기의 죄를 숨기는 자는 형통하지 못하나 죄를 자복하고 버리는 자는 불쌍히 여김을 받으리라"(잠 28:13).

다시 믿음을 새롭게 하기 위해서 지금 정직하게 하나님 앞에 내려놓아야 할

① 하나님보다 사람들의 시선을 더 중요하게 여기는 것

② '괜찮겠지' 하면서 그냥 넘어갔던 작은 죄의 습관들

③ 하나님보다 더 기대고 있던 인간관계나 물질

④ 내 마음속 깊은 곳에 숨겨 두었던 상처와 미움의 감정들

⑤ 너무 바빠서 미루어 둔 말씀 묵상과 기도

⑥ 나 자신을 과하게 탓하는 태도

2. 말씀과 기도의 중단(Discontinuance)

말씀과 기도의 중단이 믿음을 정체시킵니다. 믿음은 하나님과의 인격적인 관계 속에서 자라가는 성격을 갖는데, 그 관계를 유지하는 통로가 말씀과 기도입니다. 말씀과 기도가 중단되면, 하나님과 대화가 끊기고 영혼은 점점 메말라갑니다. 기도 없는 삶은 영적 호흡을 멈춘 것과 같고, 말씀 없는 신앙은 양식을 입에 대지 않은 어린아이와 같습니다. 말씀과 기도는 단순히 종교 행위를 넘어서, 하나님과의 친밀함을 유지케 하는 '영적 관계의 연결선'입니다. 신앙생활을 하면서도 영적으로 메마른 이유는 '관계로서의 영성 훈련'이 멈추었기 때문입니다.

믿음은 자동으로 유지되고 성장하지 않습니다. 꾸준한 말씀 묵상과 기도에 깨어 있는 노력이 필요합니다. 말씀과 기도는 하나님께 나를 열고, 그분의 음성과 뜻에 나를 맞추는 신앙 훈련입니다. 믿음이 다시 자라기 위해서는 형식적인 의무감을 내려놓고, 하나님과의 관계를 회복하겠다는 심정으로 말씀과 기도를 다시 붙잡아야 합니다. "나는 포도나무요 너희는 가지라 그가 내 안에, 내가 그 안에 거하면 사람이 열매를 많이 맺나니 나를 떠나서는 너희가 아무 것도 할 수 없음이라"(요 15:5).

함께 나누어요 ❷

3. 상처로 인한 신앙적인 후퇴(Spiritual Regression)

상처로 인한 신앙적인 후퇴가 믿음을 정체시킵니다. 교회 안에서 받은 상처와 실망은 생각보다 깊게 마음에 남아서 믿음의 성장을 정체시키는 요인이 됩니다. 신앙생활이 어려워지는 이유가 '하나님 때문'이 아니라 '사람 때문'인 경우가 많습니다. 하지만 상처받았다고 해서 신앙생활을 멈추면 안 됩니다. 성도는 믿음의 길이 사람을 바라보는 것이 아니라, 변함없는 하나님을 바라보는 여정임을 기억해야 합니다. 마음에 상처를 입었을 때, 하나님께 나아가 위로를 구하는 것이 회복의 시작입니다. 그러면 더디더라도 마음과 믿음이 다시금 회복될 수 있습니다.

신앙 공동체 안에는 '관계의 상실로 인한 아픔들'과 '하나님의 은혜의 통로들'이 더불어서 함께 공존합니다. 그렇기 때문에 내가 받은 상처보다, 나를 여전히 붙드시고 인도하시는 하나님의 손길을 더 크게 바라보아야 합니다. 상처와 실망이 믿음을 무너뜨리는 이유가 되지 않도록, 다시 일어서겠다고 순간순간 결단해야 합니다. "믿음의 주요 또 온전하게 하시는 이인 예수를 바라보자 그는 그 앞에 있는 기쁨을 위하여 십자가를 참으사 부끄러움을 개의치 아니하시더니 하나님 보좌 우편에 앉으셨느니라"(히 12:2).

4. 자기중심적인 신앙관(Self-centered)

자기중심적인 신앙관도 믿음을 정체시킵니다. 신앙의 중심을 하나님이 아닌 '내 기분'이나 '내 감정'에 두면, 믿음은 더 이상 자라지 않습니다. 하나님의 뜻보다 나의 바람이 앞설 때, 기복신앙으로 흐르기 쉽습니다. 또한 기도가 내 소원을 관철시키는 수단이 될 때도 믿음은 깊어지지 않습니다. 말씀을 들으면서도 '저 설교는 나한테 해당되지 않아'라고 선을 긋는 태도도 바람직하지 않습니다. 내가 하고 싶을 때만 섬기고 기분이 좋을 때만 헌신한다면, 신앙은 자기 위로에 머무를 수밖에 없습니다.

나아가서 하나님을 믿으면서도, 실제 삶의 주도권을 내가 쥐고 있는 것도 믿음이 정체되는 요인입니다. 하나님의 말씀보다 내 경험이나 내 생각을 더 신뢰하는 태도 역시 영적 교만을 낳으면서 믿음을 정체시킵니다. 성도는 신앙생활이 나의 유익만을 추구하는 방향으로 흐를 때, 그 믿음이 얕은 자리에 머물 수밖에 없음을 알아야 합니다. 믿음의 성장을 위해서는 나를 내려놓고 다시금 '하나님 중심으로' 방향을 틀어야 합니다. "너희는 먼저 그의 나라와 그의 의를 구하라 그리하면 이 모든 것을 너희에게 더하시리라"(마 6:33).

'하나님 중심의 신앙생활'과 '나 중심의 신앙생활'이 어떻게 다른가요?

① 하나님 중심은 말씀에 순종하려 하지만, 나 중심은 내 기준에 맞는 말씀만 받아들인다.

② 하나님 중심은 기도를 통해서 하나님의 뜻을 구하지만, 나 중심은 기도를 통해서 원하는 것을 얻으려 한다.

③ 하나님 중심은 섬김이 기쁨이지만, 나 중심은 섬김이 부담이다.

④ 하나님 중심은 공동체의 사람들을 품으려고 하지만, 나 중심은 공동체의 사람들을 판단하는 것에서 벗어나지 못한다.

⑤ 하나님 중심은 나 자신을 바꾸려고 하지만, 나 중심은 상황을 바꾸려고 한다.

⑥ 하나님 중심은 '하나님이 무엇을 원하시는가'를 먼저 생각하지만, 나 중심은 '내가 좋아하는 것'에 먼저 마음을 둔다.

5. 영적 게으름과 무관심(Spiritual Laziness and Indifference)

영적 게으름과 무관심도 믿음을 정체시키면서 하나님과의 관계를 약화시킵니다. 예배에 참석하더라도 마음이 떠나 있다면, 그 예배는 더 이상 믿음을 세우는 자리가 되지 못합니다. 설교나 권면을 들었을 때 마음에 새기지 않고 성의 없이 흘려보내는 태도도 영혼을 무감각하게 만듭니다. 익숙해진 신앙생활 속에서 회개나 감격이 사라졌다면, 그것은 이미 정체된 신앙입니다. 주일만 잠시 신앙인의 모습으로 살고, 평일에는 하나님을 잊은 채 살아가는 것도 믿음의 성장을 정체시키는 요인입니다.

영적 훈련은 외면하면서 세상의 일들에만 관심을 두는 것은 하나님 중심이 아닌 자기 중심의 신앙입니다. 이러한 영적 게으름과 무관심이 기도할 것도, 감사할 것도 떠오르지 않게 되는 영적인 무감각한 상태를 낳습니다. 믿음의 성장을 위해서는 영적 게으름을 벗고, 다시금 하나님 앞에서 깨어 있는

자로 서겠다는 의지가 필요합니다. "부지런하여 게으르지 말고 열심을 품고
주를 섬기라"(롬 12:11).

6. 세상 가치관과의 타협(to Compromise)

잘못된 세상 가치관과 타협하는 것도 믿음을 정체시킵니다. 하나님 나라
의 가치를 제쳐놓고 세상 가치관을 움켜잡을 때, 믿음의 성장이 멈춥니다.
성공과 돈과 명예와 같은 세상의 기준이 우선순위가 되면, 믿음은 조용히 흔
들리기 시작합니다. 세상의 기준으로 성공을 좇는 것에 마음이 가 있기에,
하나님의 부르심은 점점 뒷순위로 밀려날 수밖에 없습니다.

성도는 '하나님도 이해하실 거야'라는 식의 자기합리화가 세상과의 타협을
정당화하는 도구가 됨을 알아야 합니다. 만일 하나님의 말씀보다 세상의 트
렌드나 분위기에 더 민감한 나 자신을 발견한다면, 그때가 나의 신앙생활을
점검해야 하는 순간입니다. 성도는 "세상을 본받지 말고 마음을 새롭게 하
라"는 말씀을 늘 기억하면서(롬 12:2), 믿음의 성장을 이루어가야 하는 사람
입니다.

함께 나누어요 ❻

요즘 나는 '하나님의 말씀'과 '세상의 트렌드' 중에서 어느 쪽에 더 민감하게 반응하나요?

① 말씀을 들어도 별로 감동이 없고 세상 일에도 마음이 가지 않는 무기력한 상태이다.

② 세상의 트렌드보다 말씀에 더 귀를 기울이려고 노력하고 있다.

③ 말씀도 듣지만, 솔직히 세상 트렌드에 더 관심이 간다.

④ 요즘에 말씀보다 뉴스나 여론에 더 민감하게 반응하는 것 같다.

⑤ 하나님보다 사람들의 눈치를 더 살피는 것 같다.

⑥ 하나님의 말씀을 마음에 두면서 살아가려고 노력하고 있다.

7. 하나님에 대한 왜곡된 이미지(Distorted Image)

하나님에 대한 왜곡된 이미지도 성도의 신앙 성숙을 가로막습니다. 하나님을 진노하시는 분으로만 이해하면, 그분 앞에 편하게 나아갈 수 없습니다. '하나님은 나와 멀리 떨어져 계시는 분이다!' 이런 오해도 기도를 통한 하나님과의 친밀한 교제를 가로막습니다. 하나님이 나를 실망시킨다는 편견도 그분을 향한 나의 신뢰를 무너뜨립니다. 또한 하나님은 나의 형편에 관심이 없으시다는 잘못된 생각도 믿음을 식게 만드는 요인이 됩니다. 하나님을 판단하시는 재판관으로만 인식하면, 자발적인 순종이 아니라 두려움에서 나오는 복종을 하게 됩니다. 하나님을 나의 실패에 대해서 벌주시는 분으로만 이해하면, 죄책감에 갇혀서 헤어나오지 못하게 됩니다.

하나님에 대한 왜곡된 이미지가 굳어질수록, 하나님과의 관계도 뒤틀어집니다. 따라서 '성경이 보여주는 하나님 이미지'와 '나의 마음속의 하나님 이미지'를 자주 비교해보아야 합니다. 성도는 하나님이 '진노의 하나님'이시지만, 동시에 '사랑과 인내의 하나님'도 되심을 잊지 않아야 합니다. '사랑의 하나님'이 '진노의 하나님'보다도 더 근원적인 중요성을 갖습니다. '하나님을 올

바르게 아는 것'이 나의 믿음의 깊이와 방향에 큰 영향을 끼칩니다. "오직 우리 주 곧 구주 예수 그리스도의 은혜와 그를 아는 지식에서 자라 가라 영광이 이제와 영원한 날까지 그에게 있을지어다"(벧후 3:18).

하나님을 생각할 때 주로 어떤 이미지가 떠오르시나요?

① 따뜻하게 안아주시는 아버지 같은 분

② 차갑게 느껴져서 거리감을 두게 만드는 분

③ 조심스럽게 대해야 하는 분

④ 언제나 멀리 계신 것처럼 느껴지는 분

⑤ 내가 잘할 때만 나를 사랑해주시는 조건적인 분

⑥ 나를 끝까지 기다려 주시는 인내의 하나님

'나 중심'에서 '하나님 중심'으로 방향을 전환하기 위해서 나에게 어떤 노력이 필요할까요?

지금까지 "믿음의 정체"라는 주제로 성경 공부를 하였습니다. 성경 공부를 통해서 깨달은 점이나 마음에 남은 은혜나 새롭게 얻은 통찰을 간단하게 적어 보시기 바랍니다. 이 기록이 앞으로 하나님과 함께 걸어갈 믿음의 여정을 새롭게 준비하는 소중한 흔적이 될 것입니다.

예시

오늘 성경 공부를 통해서 내 믿음이 얼마나 정체되어 있었는지를 깊이 돌아보게 되었습니다. 무뎌진 마음, 멈춰 있는 기도, 흔들리는 우선순위들이 하나님과의 관계를 약화시키고 있었음을 인정합니다. 다시금 말씀과 기도로 하나님께 가까이 나아가면서, 믿음이 살아 숨 쉬게 되기를 간절히 소망합니다. 이제 다시금 믿음의 걸음을 힘차게 내딛겠습니다.

4과. 믿음의 열매

> 1. 열매를 맺음이 믿음의 성숙을 드러내는 표지가 됨을 알게 한다.
> 2. 사랑과 기쁨과 평안이 믿음의 열매에 속함을 알게 한다.
> 3. 인내와 자비와 선함이 신앙생활에서 중요한 가치임을 알게 한다.
> 4. 삶 속에서 충성과 온유와 절제의 열매를 맺을 것을 다짐토록 한다.

성도의 믿음은 삶 속에서 열매로 드러나야 합니다. 진실한 믿음은 말과 행동으로, 즉 일상의 삶 속에서 자연스럽게 열매로 드러나게 됩니다. 성경은 믿음이 성장하는 것에 비례해서 성령의 열매도 맺히고 드러난다고 말씀합니다. 사랑과 희락과 화평과 오래 참음과 자비와 양선과 충성과 온유와 절제입니다(갈 5:22-23). 이 아홉 가지 열매는 성령께서 믿는 자 안에 맺게 하시는 귀한 믿음의 열매입니다.

[들어가면서]

친구가 직접 기른 토마토를 나눠 준 적이 있습니다. 한 입 베어 물었는데, 마트에서 산 것보다 훨씬 달고 향이 진했습니다. 친구에게 물어봤더니, 씨앗을 심고, 매일 물을 주고, 햇볕을 잘 쏘여 주고, 병충해도 막아주면서 몇 달 동안 정성껏 키웠다고 합니다. 토마토를 길러낸 친구의 얘기를 들으면서, 그 토마토가 유난히 맛있는 이유를 알게 되었습니다.

믿음의 열매도 이와 비슷합니다. 하루아침에 맺히는 게 아니라, 매일의 선택과 태도, 그리고 사람을 대하는 방식 속에서 조금씩 자라갑니다. 그렇게 시간이 지나면서 그 사람의 믿음이 말과 행동과 표정에 자연스럽게 배어납니다. 믿음의 열매는 '그 사람이 삶을 어떻게 살아왔는지'를 보여주는 증거입니다.

1. 사랑(ἀγάπη)

믿음은 하나님의 '사랑'을 깨닫는 데서 시작됩니다. 하나님의 무조건적인 사랑을 깊이 경험한 사람은 자기 자신만을 위해서 살지 않습니다. 또한 믿음의 사람은 '이것이 나에게 유익한가'를 넘어서, '이것이 저 사람에게 도움이 되는가'에 대해서도 신경을 씁니다. 사랑은 '감정'에서 나아가서 '결단'이고 '행동'이기 때문입니다. 예를 들면 '피곤하지만 집에서 어머니가 가족을 위해서 저녁을 맛있게 차리는 것!' 이것이 사랑의 열매입니다. '가족들의 생계를 위해서 아버지가 묵묵히 성실하게 직장생활을 하는 것!' 이것도 사랑의 열매입니다. '마음이 상한 친구 곁에서 묵묵히 함께 있어 주는 것!' 이것도 사랑의 열매입니다.

예수님은 우리가 서로 사랑할 때, 세상이 우리가 주님의 제자인 줄 알게 된다고 말씀하셨습니다(요 13:35). 믿음이 자랄수록, 성도의 사랑은 더 깊어지고 넓어지게 됩니다. "그런즉 믿음, 소망, 사랑, 이 세 가지는 항상 있을 것인데 그 중의 제일은 사랑이라"(고전 13:13).

함께 나누어요 ❶

'믿음이 자라면 사랑도 깊어진다'는 말이 어떤 의미로 다가오시나요?
　① 하나님을 믿게 되니까 사람들에게도 더 따뜻하게 대하게 되는 것 같다.
　② 믿음이 깊을수록 내 마음도 넓어지는 느낌이 든다.
　③ 아직은 잘 모르겠다. 사랑이 여전히 어렵게만 느껴진다.
　④ 예전에는 껄끄러운 사람에게 다가가지 않았는데, 믿음이 생기니까
　　 용기를 내서 다가가게 되었다.
　⑤ 사랑이 믿음의 열매라는 말에 고개가 끄덕여진다.

⑥ 믿음이 자라면서 불편한 사람도 사랑의 시선으로 바라보려고
   노력하는 것 같다.

2. 희락(χαρά)

믿음은 하나님 안에서 누리는 '깊은 기쁨'(희락)을 열매로 맺습니다. 이 기쁨은 단순히 웃는 즐거운 감정을 뛰어넘습니다. 어떤 상황에서도 하나님이 나와 함께하심을 신뢰하는 확신에서 나오는 기쁨입니다. 믿음의 사람은 좋은 일이 있을 때만이 아니라, 어려움 속에서도 기쁨의 이유를 찾습니다. 예를 들면 몸이 아파도 하나님을 의지하면서 평안을 누릴 수 있고, 일이 풀리지 않아도 낙심 대신 찬양을 선택할 수 있습니다. 성도는 문제보다 하나님을 더 크게 보기에, 다양한 상황 속에서 기쁨을 잃지 않을 수 있습니다. 세상은 이 기쁨을 줄 수도 없고, 빼앗아 갈 수도 없습니다.

사도 바울이 이런 믿음의 소유자였습니다. 그는 감옥에 억울하게 갇히게 됐지만, 그럼에도 하나님께 기쁨의 찬양을 올려드렸습니다. 바울 외에도 수많은 믿음의 선배들이 눈물 가운데 기쁨을 고백했습니다. 믿음이 깊어질수록 성도의 마음에는 상황을 뛰어넘는 '하늘의 기쁨'이 자리하게 됩니다. "주 안에서 항상 기뻐하라 내가 다시 말하노니 기뻐하라"(빌 4:4).

다음 중 지금 나눈 내용의 핵심에 가까운 것은 무엇인가요?
  ① 기쁨은 상황이 완벽해야 생긴다.
  ② 기쁨은 '문제없음'이 아니라 '하나님의 임재'에서 온다.
  ③ 감정이 좋으면 기쁨도 자동으로 생긴다.
  ④ 성공이 곧 기쁨이다.
  ⑤ 하나님이 나와 함께하신다는 확신이 기쁨의 근원이다.

⑥ 칭찬받는 것이 곧 기쁨이다.

3. 화평(εἰρήνη)

믿음은 성도에게 하나님과의 관계가 회복되었음을 확신하게 해 줍니다. 이 확신이 마음의 불안과 두려움을 잠재우고, 내면 깊은 곳에 '참된 평안'(화평)을 심어줍니다. 믿음의 사람은 하나님의 시선 안에서 안정감을 누립니다. 이 안정감은 단순히 조용한 감정을 넘어서, 폭풍 가운데서도 흔들리지 않는 심령의 중심입니다. 예를 들면 억울한 일을 당해도 보복보다 용서를 선택하고, 갈등 앞에서도 먼저 손을 내미는 여유를 갖습니다. 믿음이 있는 사람 곁에는 묘한 안정감과 따뜻함의 향취가 풍겨 나옵니다. 바로 '화평'의 향취입니다.

예수님은 화평케 하는 자가 복이 있다고 말씀하셨습니다(마 5:9). 믿음의 사람은 내 안에 있는 화평을 세상에 흘려보내는 사람입니다. "평안을 너희에게 끼치노니 곧 나의 평안을 너희에게 주노라 내가 너희에게 주는 것은 세상이 주는 것과 같지 아니하니라 너희는 마음에 근심하지도 말고 두려워하지도 말라"(요 14:27).

이번 주 '화평을 흘려보내는' 작은 실천 하나를 고른다면, 무엇을 고르시겠습니까?

① 직장에서 마찰을 빚은 동료에게 사과 문자를 보낸다.
② 중립적인 칭찬 한마디로 대화의 온도를 따뜻하게 만든다.
③ 대화할 때 나의 말을 아끼면서 상대의 말을 끝까지 듣는다.
④ 나의 잘못을 정직하게 인정하면서 미안하다고 말한다.
⑤ 매일 잠깐이라도 직장의 동료들을 위해서 기도한다.

⑥ 불편한 사람과는 연락 자체를 끊는다.

4. 오래 참음(μακροθυμία)

믿음은 '인내'(오래 참음)의 열매를 맺습니다. 믿음이 있는 사람은 하나님의 때가 가장 정확하다는 것을 믿기에, 조급하게 서두르지 않습니다. 기도 제목이 금방 이루어지지 않아도 낙심하기보다, 인내하면서 기다립니다. 또한 믿음은 인내하면서 나 자신을 다듬어 가는 시간도 하나님의 계획 안에 있음을 신뢰하도록 만듭니다.

이러한 오래 참음의 열매가 사람과의 관계에서도 여실히 드러납니다. 나를 불편하게 하거나 자꾸 실수하는 사람을 고치려 하면서 화를 내는 것이 아니라, 인내하면서 기다려 줍니다. 예를 들면 가족 안에서 반복되는 갈등을 참고 품는 것도, 직장에서 이해되지 않는 행동을 하는 동료를 품고 기다려 주는 것도 오래 참음의 열매입니다. 믿음이 자라날수록 성도는 인내하면서 선하신 하나님의 성품을 삶 속에서 드러냅니다. "너희에게 인내가 필요함은 너희가 하나님의 뜻을 행한 후에 약속하신 것을 받기 위함이라"(히 10:36).

함께 나누어요 ❹

내가 요즘 인내하면서 기다리고 있는 하나님의 응답에 어떤 것이 있나요?
① 진로와 미래에 대한 명확한 가르침
② 가족들 사이의 갈등 해결과 회복
③ 건강의 회복과 몸의 치유
④ 관계의 회복 - 친구, 동료, 배우자와의 사이에서
⑤ 나 자신의 성품 변화('조급함', '분노', '상처' 등)
⑥ 경제적인 필요와 삶의 형편의 나아짐

5. 자비(χρηστότης)

믿음이 깊어지면서 성도에게 '자비'의 열매가 맺히기 시작합니다. 자비의 열매는 연약한 사람을 판단하거나 비난하는 대신, 이해하고 품으려는 마음에서 맺혀지고 자라갑니다. 예수님처럼 누군가의 실수나 부족함 앞에서 정죄보다 용납을 먼저 선택합니다. 자비로운 사람은 상처 입은 사람에게 따뜻하게 다가갈 줄 압니다. 예를 들면 실수한 동료를 나무라기보다 조용히 도와주거나, 낙심한 친구를 향해서 짧게 격려의 말을 건네는 것이 자비의 열매입니다.

자비는 단순히 착한 마음을 넘어서 하나님의 성품을 닮아가는 믿음의 표현입니다. 믿음의 사람은 '내가 하나님께 받은 자비'를 기억하면서, 그것을 다른 사람에게 흘려보내면서 살아갑니다. 믿음이 깊어질수록 성도의 시선은 점점 더 따뜻해지고, 말과 행동도 점점 더 부드러워집니다. "너희 아버지의 자비로우심 같이 너희도 자비로운 자가 되라"(눅 6:36).

요즘 내가 조금 더 자비롭게 대해야 할 사람은 누구인가요?
① 자꾸 같은 실수를 반복하는 가족
② 잔소리가 많은 직장 상사나 선배
③ 말 한마디에 쉽게 상처받는 친구
④ 소그룹에서 나와 생각이 다른 멤버
⑤ 나 자신 - 너무 자책할 때가 많다.
⑥ 너무 많아서 한 명을 고르기 어렵다.

6. 양선(ἀγαθωσύνη)

믿음이 자랄수록 성도에게 하나님의 선하심을 닮은 '양선'의 열매가 맺히기 시작합니다. 양선은 단순히 착한 것을 넘어서, 진실한 마음에서 우러나오는 선한 행동을 의미합니다. 하나님께서 우리에게 선을 베푸셨듯이, 믿음의 사람도 기꺼이 선을 선택하며 살아가게 됩니다. 예를 들면 불이익의 순간에 거짓을 말하지 않고 진실을 지키는 것, 작은 이익을 포기하고 정직하게 거래하는 것, 약한 자를 위해서 불편을 감수하는 행동 등, 이런 것들이 양선의 열매입니다.

양선은 손해를 감수하고서라도 옳은 것을 택할 줄 아는 '용기 있는 선함'입니다. 이 양선이 주변 사람들에게 선한 영향력을 흘려보내는 씨앗이 됩니다. 믿음의 사람은 '선이 하나님께 속한 것'임을 믿기에, 세상이 외면해도 선을 포기하지 않습니다. 성도에게 양선은 하나님의 성품을 이 세상에 반영하는 거울 같은 삶이라 할 수 있습니다. "악에게 지지 말고 선으로 악을 이기라"(롬 12:21).

요즘 나는 어떤 자리에서 누구에게 선한 영향력을 흘려보내고 있나요?
① 교회 공동체 안에서 - 묵묵히 섬기면서 힘이 되어주려고 노력한다.
② 친구나 지인들에게 - 힘들어하는 이들이 있으면 먼저 챙긴다.
③ 가정에서 가족들에게 - 잔소리 대신 따뜻한 말로
④ 아직 잘 모르겠다. 하지만 그렇게 살고 싶다.
⑤ 낯선 사람들에게 - 작은 친절이나 배려로 따뜻함을 전한다.
⑥ 직장에서 동료들에게 - 동료들을 배려하면서 좋은 분위기를
만들어내려고 노력한다.

7. 충성(πιστότης)

믿음이 성장하면서, 성도는 '충성'의 열매를 맺습니다. 충성은 하나님과 사람 앞에서 신실하고 책임감 있게 살아가는 태도를 말합니다. 화려하지 않아도, 맡겨진 일을 꾸준히 성실하게 감당하는 모습 속에 충성이 드러납니다.

예를 들면 교회에서 맡은 작은 일에 변함없이 최선을 다하는 것, 직장에서 주어진 일을 성실하게 처리하는 것, 약속을 지키고 말에 책임지는 행동 등 이런 것들이 충성의 열매입니다.

충성된 사람은 감정이나 상황에 흔들리지 않고, 끝까지 자신의 자리를 지킵니다. 믿음의 사람은 아무도 없는 자리에서도 하나님이 앞에 계신 것처럼 진실하고 꾸준하게 행동하려고 노력합니다. 충성은 하나님께 대한 사랑과 신뢰에서 나오는 성실한 삶의 태도입니다. "…네가 죽도록 충성하라 그리하면 내가 생명의 관을 네게 주리라"(계 2:10하).

다음 중 충성을 잘 표현한 것은 무엇인가요?

① 누가 안 볼 때도 페이스를 잃지 않는 꾸준함

② 작은 일이지만, 끝까지 책임지겠다는 마음가짐

③ 기분 좋은 날에만 열심을 내는 것

④ 칭찬받을 때만 박차를 가하는 것

⑤ 내 일에만 신경을 쓰는 것

⑥ 상황에 따라서 슬쩍 패스할 수 있다고 생각하는 것

8. 온유(πραΰτης)

믿음이 자라면서, 성도는 '온유'의 열매를 맺습니다. 온유는 단순히 약하거나 소극적인 성품이 아니라, 강하지만 부드러운 성품을 말합니다. 자기주장을 내려놓고 상대의 말에 귀를 기울이며, 감정을 앞세우기보다 사랑으로 반응하는 태도입니다. 진리를 말하되, 상처 주지 않도록 말의 톤과 표현을 조심하는 것이 온유한 모습입니다. 예를 들면 대화 중 감정이 올라올 때도 부드럽게 말하려고 애쓰거나, 의견이 달라도 상대방의 입장을 먼저 이해하려는 태도가 온유의 열매입니다.

온유한 사람은 하나님의 뜻에 민감하게 반응하고, 유연하게 순복합니다. 가정이나 공동체에서 온유한 태도는 분위기를 살리고, 관계를 부드럽게 이어주는 힘이 됩니다. 온유는 진리와 사랑을 함께 품는 성숙한 믿음의 태도입니다. "온유한 자는 복이 있나니 그들이 땅을 기업으로 받을 것임이요"(마 5:5)

최근에 감정이 올라오는 상황에서 부드럽게 반응하려고 애썼던 순간이 있었나요?

① 가족에게 서운한 말을 들었지만, 꾹 참고 조용히 넘겼다.
② 직장에서 억울한 일이 있었지만, 감정을 바로 드러내지 않았다.
③ 친구와 의견이 달랐지만, 그 친구의 이야기를 끝까지 들어 주었다.
④ 예민한 상황에서 일부러 말투를 부드럽게 하려고 노력한 적이 있다.
⑤ 그런 상황이 있었는데, 결국은 참지 못하고 터뜨렸다.
⑥ 잘 모르겠다. 만일 그런 상황이 생긴다면 온유하게 말하고 행동하고 싶다.

9. 절제(ἐγκράτεια)

믿음이 자랄수록 성도는 '절제'의 열매를 맺게 됩니다. 절제는 자신을 무작정 억누르는 것이 아니라, 욕망과 감정을 다스릴 수 있는 내면의 힘입니다. 성령께서 주시는 절제의 능력은 충동적인 반응을 막고, 지혜롭고 신중하게 선택하는 삶으로 성도를 인도합니다. 예를 들면 화가 나도 바로 말하지 않고 한 번 더 생각하거나, 필요 이상의 소비를 멈추고 지출을 조절하는 것, 이러한 것들이 절제의 열매입니다.

또한 식욕이나 성적인 유혹 앞에서 자신을 지키는 태도 역시 절제된 삶의 모습입니다. 절제는 단순히 자제력을 넘어서, 하나님께서 기뻐하시는 삶의 균형을 추구하는 믿음의 표현입니다. 절제하는 사람은 감정이나 욕망에 끌려가지 않고, 하나님의 뜻에 따라서 자신을 조율할 줄 압니다. 믿음의 사람은 절제하면서 하나님께서 맡기신 삶을 균형 있게 살아내는 사람입니다. "자기의 마음을 제어하지 아니하는 자는 성읍이 무너지고 성벽이 없는 것과 같으니라"(잠 25:28).

함께 나누어요 ❾

요즘 내가 절제를 연습하고 있는 영역은 어디인가요?

① 화났을 때 말조심하기 - 말의 파괴력을 알기에

② 식욕 조절 - 야식의 유혹과 싸우는 중

③ 소비 절제 - 필요 없는 것을 장바구니에 담았다가 지우는 게 일상이 됨

④ 스마트폰 사용 - SNS나 유튜브를 적당히 하는 연습 중

⑤ 감정 다스리기 - 짜증을 바로 표현하지 않으려고 애쓰는 중

⑥ 게으름과의 싸움 - 해야 할 일을 미루지 않고 바로 하려고 노력 중

함께 나누어요 ❿

믿음의 열매를 맺기 위해서는 '인내'와 '과정'이 필요합니다. 내가 지금 인내하면서 만들어가는 믿음의 열매가 무엇인지를 생각해 보시기 바랍니다.

지금까지 "믿음의 열매"라는 주제로 성경 공부를 하였습니다. 성경 공부를 통해서 깨달은 점이나 마음에 남은 은혜나 새롭게 얻은 통찰을 간단하게 적어 보시기 바랍니다. 이 기록이 앞으로 하나님과 함께 걸어갈 믿음의 여정을 새롭게 준비하는 소중한 흔적이 될 것입니다.

예시

성경 공부를 통해서 믿음이 삶 속에서 드러나야 함을 알게 되었습니다. 나의 믿음이 나의 일상과 다른 이들과의 관계 속에서 어떻게 실천되고 있는지를 돌아보게 되었습니다. 특히 사랑과 절제, 충성 같은 부분에서 아직도 많이 부족하다는 것을 인정하면서, 더 성숙한 믿음의 열매를 맺을 것을 다짐하게 되었습니다. 작은 변화일지라도 하나님께서 기뻐하시는 열매로 이어지기를 소망합니다.

믿음의 유업

5과. 믿음의 유업

1. 신분이 변화되었음

2. 하나님과 화목하게 된 것

3. 하나님의 자녀가 된 것

4. 성령의 내주하심

5. 영원한 생명을 얻게 된 것

6. 하늘의 시민권자가 된 것

7. 그리스도와 함께 상속자가 된 것

5과. 믿음의 유업

1. 신자가 이미 하나님께 믿음의 유업을 받은 사람임을 깨닫도록 한다.
2. 신자가 자녀 됨의 특권을 가졌음을 분명히 인식하도록 한다.
3. 하나님과 화목하고 동행하는 삶에 기쁨이 있음을 알도록 한다.
4. 믿음의 상속자로서 오늘을 소망과 책임감으로 살아갈 것을 결단토록 한다.

성도에게 믿음의 유업은 단지 죽은 후에 얻게 될 미래의 상급만을 가리키지 않습니다. 신앙인들은 하나님의 자녀로서 지금 이 땅에서부터 놀라운 특권을 누리면서 살아갑니다. 복음은 신분의 변화와 더불어서 삶의 방향 전환을 가져오는 하나님의 능력입니다. 성령의 내주하심과 하나님과의 화목, 영원한 생명과 하늘의 시민권 등, 이것들은 모두 성도에게 이미 주어진 실제적인 믿음의 유업입니다. 이 유업은 그리스도와 함께 상속자가 된 신자가 오늘을 어떻게 살아야 하는지에 대해서도 깊은 영향을 미칩니다. "6 너희가 아들이므로 하나님이 그 아들의 영을 우리 마음 가운데 보내사 아빠 아버지라 부르게 하셨느니라 7 그러므로 네가 이후로는 종이 아니요 아들이니 아들이면 하나님으로 말미암아 유업을 받을 자니라"(갈 4:6-7).

[들어가면서]

어떤 분이 오래전에 부동산을 하나 상속받았는데, 그 땅의 가치가 얼마나 큰지 몰랐다고 합니다. 그냥 시골의 잡초 가득한 땅이라고만 생각했습니다. 그런데 어느 날 개발 소식을 접하면서, 그 땅이 엄청난 가치가 있음을 알게 되었습니다. 상속은 이미 오래전에 받았지만, 그 가치를 깨달은 것은 훨씬 나중이었습니다.

믿음의 삶도 이와 같습니다. 하나님께서 이미 허락하신 은혜와 축복이 내 삶에 얼마나 풍성한지를 깨닫는 순간, 신앙의 눈이 새롭게 열립니다. 이미 하나님의 자녀로서 놀라운 특권과 상속을 받았지만, 그 가치를 매일 깊이 누리면서 사는 사람은 많지 않습니다. 내가 어떤 신분과 권리를 가진 사람인지를 알게 될 때, 오늘을 살아가는 방식이 달라집니다. '이미 받은 것'을 아는 순간, 삶의 태도와 나에게 허락된 일상의 의미가 깊어지고, 감사함이 삶에 스며들기 시작합니다.

1. 신분이 변화되었음(Change of Status)

신분이 변화되었음이 신자에게 믿음의 유업입니다. 예수 그리스도를 믿는 순간, 성도에게 놀라운 신분의 변화가 생겨납니다. 더 이상 죄의 종이 아니라, 새롭게 태어난 하나님의 자녀가 됩니다. 전에 하나님과 원수였던 사람이 이제는 신앙 공동체 안에서 하나님의 가족이 됩니다. 이 변화는 하나님께서 선언하신 법적인 신분의 변화입니다. 성도는 하나님께 '그리스도 안에 있는 자'로 새롭게 인정을 받으면서, '하나님의 나라에 속한 자'로 여겨집니다.

신분이 바뀌었다는 것은 소속과 삶의 목적 그리고 사명의 기준이 달라졌다는 것을 의미합니다. 더 이상 세상과 마귀의 권세 아래 있는 자가 아니라, 그리스도의 통치를 받는 자로 이 세상을 살아가게 됩니다. 하나님께서 주신 이 신분은 누구도 빼앗을 수 없는 확실한 유업이며, 성도의 영원한 정체성입니다. 이 신분의 변화는 믿음으로 인해서 성도에게 이미 허락된 것으로서, 하나님의 자녀로서 지니는 영광스러운 유업입니다. "그런즉 누구든지 그리스도 안에 있으면 새로운 피조물이라 이전 것은 지나갔으니 보라 새것이 되었도다"(고후 5:17).

예수님을 믿기 전과 후, 나 자신이 어떻게 바뀌었나요?

① 죄책감에 눌려 살던 내가 이제는 하나님의 용서를 믿고 자유를 느낀다.

② 세상의 기준에 따라 살던 내가 이제는 하나님의 말씀을 기준 삼아서
살려고 노력한다.

③ 외로움 속에서 살아가던 내가 이제는 하나님의 가족으로 받아들여졌다.

④ 무가치하다고 느껴졌던 나 자신이 이제는 하나님 안에서 가치있는
존재가 되었음을 믿는다.

⑤ 흔들리면서 갈피를 잡지 못했던 나의 삶이 이제는 하나님 안에서
분명한 방향성을 갖게 되었다.

⑥ 아직 확실히는 모르겠지만, 내 삶이 조금씩 변화되고 있는 것은
사실이다.

2. 하나님과 화목하게 된 것(Reconciliation with God)

하나님과 화목하게 된 것이 신자에게 믿음의 유업입니다. 예수 그리스도를 믿는 순간, 성도와 하나님 사이에 깨졌던 관계가 다시금 새롭게 펼쳐집니다. 전에는 죄로 인해서 하나님과 원수가 된 상태였기에, 하나님을 등지고 살았습니다. 하지만 이제는 예수님의 십자가를 통해서 하나님과 화해한 자가 되었습니다. 이 화목은 인간 쪽에서 손을 내밀어서가 아니라, 하나님께서 먼저 손을 내미신 결과입니다. 그리스도의 피로 말미암아 성도는 하나님을 대적하는 자가 아니라, 하나님 안에서 평화를 누리는 자가 되었습니다. 신앙인들은 화목의 은혜로 인해서 하나님께 담대히 나아갈 수 있는 사람들입니다. 언제든지 하나님께 나아가서 기도할 수 있습니다. 언제든지 하나님의 얼굴을 구하면서, 그분과 동행하는 삶을 살 수 있게 되었습니다.

화목은 하나님과의 실제적인 관계 회복을 의미합니다. 이 화목이야말로 믿음을 통해서 누리게 되는 놀라운 유업으로, 성도의 삶 전체를 평강으로 이끌어 갑니다. 하나님과 화목한 자로 살아간다는 것은
하나님과 마음을 나누면서, 그분의 시선으로 세상을 바라보는 삶을 사는 것

을 의미합니다. "곧 우리가 원수 되었을 때에 그의 아들의 죽으심으로 말미암아 하나님과 화목하게 되었은즉 화목하게 된 자로서는 더욱 그의 살아나심으로 말미암아 구원을 받을 것이니라"(롬 5:10).

하나님과 화목을 누릴 때 일상에서 자연스럽게 나오는 반응은 무엇인가요?

① 문제가 생겼을 때 먼저 기도의 자리를 찾는다.

② 일이 꼬이면 하나님을 원망한다.

③ 실패해도 십자가를 붙들고 다시 나아간다.

④ 죄책감 때문에 계속 숨어있기만 한다.

⑤ 나의 힘만으로 문제를 해결하려고 한다.

⑥ 하나님의 얼굴을 구하면서 하루를 연다.

3. 하나님의 자녀가 된 것(to Be Children of God)

신앙인들은 예수 그리스도를 믿는 순간에 하나님의 자녀가 된 사람들입니다. 하나님의 자녀가 된 것이 신자에게 믿음의 유업입니다. 믿음으로 인해서 하나님을 '아버지'라고 부를 수 있게 되었습니다. 하나님을 '아버지'라고 부를 수 있는 것은 성도와 하나님과의 관계가 친밀하고 인격적인 관계임을 의미합니다. 또한 이것은 예전과 달리 구체적으로 하나님의 돌보심과 인도하심을 받는 삶 가운데로 들어섰음을 의미하기도 합니다.

이 자녀 됨은 나의 공로가 아니라, 전적으로 하나님의 은혜로 주어진 믿음의 유업입니다. 하나님의 자녀라는 정체성이 '내가 누구인지, 이 땅에서의 삶을 어떻게 살아야 하는지'를 선명하게 밝혀 줍니다. 이 놀라운 자녀 됨의 특권은 지금 이 땅에서부터 천국까지 이어지는 소중한 믿음의 유업입니다. "너희가 다 믿음으로 말미암아 그리스도 예수 안에서 하나님의 아들이 되었으니"(갈 3:26).

4. 성령의 내주하심(Indwelling of the Holy Spirit)

성령의 내주하심이 신자에게 믿음의 유업입니다. 예수 그리스도를 믿는 순간, 성도는 더 이상 혼자가 아닙니다. 하나님께서는 믿는 자의 심령 가운데 성령을 보내셔서 함께 거하게 하십니다. 성령의 내주하심은 하나님이 성도를 홀로 두지 않으시겠다는 약속의 사건입니다. 성도 안에 계시면서 성령은 성도를 위로하시기도 하고 진리 가운데로 이끄시기도 하면서 그 삶을 인도해 나가십니다. 성도는 자기 안에 계신 성령의 도우심으로 하나님의 뜻을 깨닫고, 죄를 이기며, 거룩한 삶을 향해서 나아가는 사람입니다. 종종 성령께서는 말할 수 없는 탄식으로 성도를 대신해서 간구하실 때도 있습니다.

성령의 내주하심은 상징이나 비유가 아닙니다. 믿는 자가 지금 이 땅에서 실제로 누리는 믿음의 유업입니다. 성령은 성도를 결코 떠나지 않으며, 끝까지 성도 곁에 계시면서 하나님의 자녀답게 살아가도록 도우시는 분입니다. "너희는 너희가 하나님의 성전인 것과 하나님의 성령이 너희 안에 계시는 것을 알지 못하느냐"(고전 3:16).

5. 영원한 생명을 얻게 된 것(to Gain Eternal Life)

영원한 생명을 얻게 된 것이 신자에게 믿음의 유업입니다. 예수 그리스도를 믿는 순간, 성도는 영원한 생명을 선물로 받습니다('영생의 선물'). 영생은 죽은 후에 가는 천국행 티켓이기 전에, 지금 여기서부터 시작되는 하나님과의 생생한 교제입니다. 따라서 믿는 자는 이 땅에서 이미 '영원'을 살아가는 자입니다. 성도에게 영생은 하나님과 끊어지지 않는 관계 속에서 살아가는 새로운 삶의 방식입니다. 이 생명은 죽음으로 끝나지 않으며, 영원한 하나님 나라에서도 계속 이어집니다.

하나님께서 신자에게 영원한 생명을 선물로 주셨습니다. 그렇기에 성도는 고난 속에서도 '나는 이미 영원한 생명을 가진 자'라는 인식을 꼭 붙잡아야 합니다. 이 유업은 빼앗기지 않고 썩지 않는 것으로서, 하나님께서 친히 보장해주시는 영광스러운 약속입니다. 영생을 유업으로 받은 자는 이 땅에서 생명력 있는 삶을 살아갑니다. 죽음을 두려워하지 않습니다. 영원한 생명이 죽음 너머의 소망을 확실히 보여주기 때문입니다. "내가 진실로 진실로 너희에게 이르노니 내 말을 듣고 또 나 보내신 이를 믿는 자는 영생을 얻었고 심판에 이르지 아니하나니 사망에서 생명으로 옮겼느니라"(요 5:24).

6. 하늘의 시민권자가 된 것(to Be a Citizen of Heaven)

하늘의 시민권자가 된 것이 신자에게 믿음의 유업입니다. 예수 그리스도를 믿는 순간, 성도는 이 땅에 있지만 '하늘에 속한 사람'이 됩니다. 바울은 성도들을 향해서 '너희의 시민권은 하늘에 있다'고 선포했습니다. 하늘의 시민권자는 단지 미래에 천국에 갈 사람만을 가리키지 않습니다. 지금 이 땅에서 하늘에 소망을 두고 살아가는 자를 가리킵니다. 따라서 하늘의 시민권자는 이 땅의 가치들에 지나치게 연연하지 않습니다. 참된 본향이 저 하늘에 있기 때문입니다. 그렇기에 성도는 세상에 휘둘리지 않고, 영원한 소망을 품고 지금 이 순간을 믿음으로 살아갈 수 있습니다.

하늘의 시민권자는 이 세상을 그 소속감에서 오는 당당함과 자유함 속에서 살아갑니다. 나아가서 이 정체성은 고난과 유혹 가운데서도 성도를 무너지지 않도록 붙잡아 주는 힘이 됩니다. "이 땅에서 하나님 나라의 질서를 존중하면서 살아가는 것!" 이것이 하늘 시민권의 삶입니다. 하늘의 시민권이 주어진 것이 믿음을 통해서 성도에게 주어진 확실한 유업입니다. "그러나 우리의 시민권은 하늘에 있는지라 거기로부터 구원하는 자 곧 주 예수 그리스도를 기다리노니"(빌 3:20).

7. 그리스도와 함께 상속자가 된 것(to Become an Heir)

그리스도와 함께 상속자가 된 것이 신자에게 믿음의 유업입니다. 예수 그리스도를 믿는 성도에게 하나님 나라의 상속권이 주어집니다. 바울은 성도를 '그리스도와 함께 한 상속자'라고 부르면서, 이 정체성을 분명히 밝혔습니다(롬 8:17). 이것은 비유적인 표현이 아니라, 실제로 하나님께서 우리에게 약속하신 영광의 유업입니다. 성도는 하나님의 자녀이기에, 그리스도와 함께 하나님의 것을 함께 물려받을 자입니다. 이 상속은 장차 올 하나님의 나라뿐 아니라, 지금 이 땅에서도 누릴 수 있는 여러 복들을 포함합니다. 우리가 지금 누리고 있는 은혜와 평강과 기쁨과 하늘의 소망 등, 이 모든 것들은 상속자로서 이미 누리고 있는 풍성한 유익들입니다.

또한 그리스도와 함께 상속자가 되었다는 것은 성도가 예수님의 고난과 영광에 함께 참여함을 의미하기도 합니다. 하나님의 상속은 썩지도 않고, 더럽혀지지도 않으며, 사라지지도 않는 영원하고 확실한 약속입니다. 이 유업은 그리스도를 신뢰하는 믿음을 통해서 신앙인들에게 주어지는 하나님의 은혜의 선물입니다. 그리스도와 함께한 상속자라는 이 정체성은 성도로 하여금 지금 이 세상을 담대하게, 그리고 소망 가운데 살아가게 만듭니다. "자녀이면 또한 상속자 곧 하나님의 상속자요 그리스도와 함께 한 상속자니 우리가 그와 함께 영광을 받기 위하여 고난도 함께 받아야 할 것이니라"(롬 8:17).

상속자로서 내가 기대하는 하나님 나라의 유업은 무엇인가요?

① 하나님을 얼굴과 얼굴로 마주 보게 될 날을 기대한다.

② 더 이상 흔들리지 않는 완전한 정체성과 자유를 기대한다.

③ 상속자가 되었다는 것은 가슴 벅찬 일이다.

④ 슬픔도 아픔도 없는 완전한 평안의 삶을 기대한다.

⑤ 저 천국에서 하나님이 새롭게 맡기실 영광스러운 사명이 기대된다.

⑥ 영원히 계속되는 예배와 기쁨의 교제가 기다려진다.

"나는 하나님의 자녀다!" 이 정체성이 나의 일상의 어떤 순간에 가장 크게 실감이 되나요?

지금까지 "믿음의 유업"이라는 주제로 성경 공부를 하였습니다. 성경 공부를 통해서 깨달은 점이나 마음에 남은 은혜나 새롭게 얻은 통찰을 간단하게 적어 보시기 바랍니다. 이 기록이 앞으로 하나님과 함께 걸어갈 믿음의 여정을 새롭게 준비하는 소중한 혼적이 될 것입니다.

예시

성경 공부를 통해서 내가 이미 받은 믿음의 유업이 얼마나 크고 실제적인지를 새롭게 알게 되었습니다. 믿음의 유업이 단순히 미래의 상급에만 있는 것이 아니라, 지금까지 내가 누려 온 특권이었음을 깨달았습니다. 하나님과의 관계, 정체성, 삶의 방향까지, 모두가 이 유업과 연결되어 있음을 알게 되었습니다. 받은 믿음의 유업에 합당한 삶을 살아가겠다는 다짐을 해 봅니다.

믿음의
기쁨

6과. 믿음의 기쁨

1. 하나님과 동행하는 기쁨

2. 말씀을 좇아서 삶의 방향성을 찾아가는
   기쁨

3. 기도 가운데 인도하심을 경험하는 기쁨

4. 순종에서 오는 기쁨

5. 성도의 교제를 통한 기쁨

6. 어려움 중에도 소망을 잃지 않는 기쁨

7. 하나님께 쓰임 받는 기쁨

6과. 믿음의 기쁨

1. 하나님과 동행하는 삶에 참된 기쁨이 있음을 깨닫도록 한다.
2. 말씀과 기도가 믿음의 참된 방향임을 배운다.
3. 지금 하나님께 쓰임 받고 있음이 커다란 믿음의 기쁨인 것을 고백하게 한다.
4. 말씀에 순종하고 신앙 공동체 안에서 교제하는 것이 믿음의 기쁨에 속하는 중요한 가치인 것을 알게 한다.

믿음은 성도의 일상 속에 하늘의 기쁨을 흘려보내는 은혜의 파이프와 같습니다. 하나님을 믿는다는 것은 막연한 의무가 아니라, 매일의 순간에서 하늘의 기쁨을 맛보는 일입니다. 믿음 안에서 성도는 이 땅에서 하나님과 함께 걷는 동행의 기쁨을 경험합니다. 어려움으로 인해서 삶이 흔들릴 때도, 성도는 말씀과 기도 속에서 세상이 줄 수 없는 평안과 기쁨을 누립니다. 믿음이 주는 기쁨은 상황을 넘어서는 것으로서, 하나님 안에서만 누릴 수 있는 하늘의 신령한 복입니다. "소망의 하나님이 모든 기쁨과 평강을 믿음 안에서 너희에게 충만하게 하사 성령의 능력으로 소망이 넘치게 하시기를 원하노라"(롬 15:13).

[들어가면서]

어느 날 30년 지기 친구와 오랜만에 만나서 산책을 한 적이 있습니다. 말 없이 걸어도 마음이 통해서인지, 그 시간이 참 평안하고 즐거웠습니다. 그 친구와 함께 있는 것만으로도 마음에 기쁨이 가득했습니다.

믿음에서 오는 기쁨도 이것과 비슷합니다. 하나님과 동행하는 삶은 항상 특별한 일이 있어야만 기쁜 것이 아닙니다. 매일의 평범한 순간 속에서도 발견되고 찾아지는 기쁨입니다. 나아가야 하는 길이 막막할 때 말씀 속에서 방향을 찾는 기쁨이 있고, 기도하던 중에 하나님의 인도하심을 체험하는 기쁨이 있습니다. 어떤 순간에서도 하나님이 나를 붙들고 계신다는 확신이 있기에, 신앙인들은 그 마음에 기쁨을 간직하고 살아갈 수 있습니다.

1. 하나님과 동행하는 기쁨(Joy of Fellowship)

믿음은 신자에게 하나님과 동행하는 기쁨을 줍니다. 신자는 믿음의 길을 혼자서 걷지 않습니다. 하나님은 단지 멀리서 지켜보시는 분이 아니라, 성도의 믿음의 길을 함께 걸어가시는 분입니다. 기쁠 때나 슬플 때나, 하나님은 늘 성도의 곁에서 발걸음을 맞추십니다. 믿음은 그 하나님의 동행하심을 신뢰하면서 살아가는 마음의 태도입니다. 그렇기에 하나님과 동행하는 사람은 고독한 순간에도 하나님의 품 안에서 깊은 위로를 느낍니다. 막막한 길에 직면했을 때도, 하나님께서 함께하시기에 두려움보다 평안이 더 깊게 자리합니다. 신앙인들에게 하나님은 말씀만 하시는 분이 아니라, 함께 울고 함께 웃으시는 아버지이십니다.

신앙 여정에서 하나님의 임재를 순간순간 느낄 때, 신자의 마음 안에 하나님을 향한 감사가 끊이지 않게 됩니다. 믿음의 여정을 하나님과 함께 동행하는 것 자체가 신자에게 '깊은 기쁨의 근원'이 되기 때문입니다. 믿음이 자라갈수록, 신자는 하나님의 존재를 더욱 깊이 인식하면서 그분과 교제하는 것을 더욱 소중히 여기게 됩니다. "사람아 주께서 선한 것이 무엇임을 네게 보이셨나니 여호와께서 네게 구하시는 것은 오직 정의를 행하며 인자를 사랑하며 겸손하게 네 하나님과 함께 행하는 것이 아니냐"(미 6:8).

2. 말씀을 좇아서 삶의 방향성을 찾아가는 기쁨(to Follow the Word)

　믿음은 신자에게 말씀을 좇아서 삶의 방향성을 찾아가는 기쁨을 줍니다. 믿음은 말씀을 단지 듣는 데서 끝나지 않고, 삶 속에서 말씀을 따라가도록 만듭니다. 하나님의 말씀은 어둠 속의 등불처럼, 신앙인들이 나아가야 할 길을 밝히 보여줍니다. 세상의 가치관은 요동치면서 흔들릴 수 있지만, 하나님의 말씀은 신앙인들에게 변하지 않는 기준이 됩니다. 믿음의 사람은 자신의 생각과 기준을 소중히 여기지만, 그렇다고 해서 이것들을 말씀 위에 올려놓지 않습니다. 신자는 하나님께서 주신 말씀을 따라서 한 걸음씩 나아가면서 마음에 깊은 평안이 찾아오는 경험을 하는 사람입니다. 말씀이 나를 목적이 있는 삶으로 인도합니다. 때로는 이해되지 않아도, 말씀을 좇아갈 때 나중에 그 뜻을 깨닫는 기쁨이 생겨납니다.

　이런 점에서 볼 때 하나님의 말씀은 우리 신앙인들의 삶을 복된 방향으로 이끌어가는 나침반과 같습니다. 믿음이 자라날수록, 말씀이 커다란 울림이 되면서 실제적으로 나를 인도해갑니다. 말씀 안에서 방향을 찾아가는 삶은 신자에게 혼란 대신 확신을 갖게 하고, 방황 대신 기쁨을 누리게 합니다. 오늘도 말씀을 붙들고 한 걸음씩 순종하며 나아갈 때, 우리의 삶은 하나님이 예비하신 선한 열매로 가득 채워집니다. "주의 말씀은 내 발에 등이요 내 길에 빛이니이다"(시 119:105).

말씀으로 삶의 방향성을 잡아갈 때 나는 주로 어떤 반응을 보이나요?
① 말씀에 억지로 순종한다.
② 조급하면서 불안해한다.
③ 설명은 어렵지만 평안이 잔잔히 밀려온다.
④ 흥분과 충동이 가라앉는다.
⑤ 비교와 경쟁심이 상승한다.
⑥ 감정을 내려놓고 하나님의 인도하심을 구하면서 한 걸음 멈춰선다.

3. 기도 가운데 인도하심을 경험하는 기쁨(Guidance in Prayer)

믿음은 신자에게 기도 가운데 하나님의 인도하심을 경험하는 기쁨을 줍니다. 신자에게 기도는 내가 원하는 것을 말하는 자리가 아니라, 하나님의 음성을 듣는 자리입니다. 하나님은 기도하는 자의 마음을 가장 잘 아시는 분입니다. 종종 답답한 상황에서 기도했을 때, 이상하게 마음이 평안해지는 경험을 할 때가 있습니다. 이것이 하나님의 인도하심을 경험하는 기쁨입니다. 어떤 때는 기도를 통해서 불안한 중에 평안함이 찾아올 때도 있습니다. 역시 이것도 하나님의 인도하심을 경험하는 기쁨입니다. 믿음이 신자에게 이 평안이 하나님의 인도하심 가운데 주어지는 선물인 것을 알아차리게 합니다. 또는 기도 중에 문득 떠오른 말씀이나 마음의 감동이 하나님의 길잡이가 될 때도 있습니다.

하나님은 기도하는 성도의 시선을 상황에서 당신께로 옮기시는 분입니다. 신앙인들에게 기도는 삶의 목적지를 찾게끔 도와주는 나침반으로서, 하나님께서 성도의 기도를 듣고 응답하시면서 그의 삶을 이끌어 가십니다. 신자에게 기도는 하나님과 함께 걸어가는 가장 복된 동행입니다. "6 아무 것도 염려

하지 말고 다만 모든 일에 기도와 간구로, 너희 구할 것을 감사함으로 하나
님께 아뢰라 7 그리하면 모든 지각에 뛰어난 하나님의 평강이 그리스도 예수
안에서 너희 마음과 생각을 지키시리라"(빌 4:6-7).

4. 순종에서 오는 기쁨(Joy of Obedience)

믿음은 순종에서 오는 기쁨을 성도의 심령에 채워줍니다. 믿음이 하나님
의 말씀에 순종하게끔 성도의 심령에 감동을 줍니다. 순종은 단순한 행위 이
상으로서, 하나님을 향한 사랑과 신뢰의 표현입니다. 하나님의 뜻에 자신을
내어드릴 때, 성도는 내면 깊은 곳에서 설명할 수 없는 평안을 경험합니다.
이 순종이 하나님의 선하심을 믿는 믿음에서 비롯됩니다. 때로는 손해를 감
수하는 선택처럼 보일지라도, 하나님의 뜻에 순종하면 후회 없는 만족이 따
라올 때도 있습니다. 순종을 통해서 하나님을 기쁘시게 했다는 확신이 성도
들에게 세상이 줄 수 없는 거룩한 기쁨입니다.

이 기쁨은 상황이나 결과를 뛰어 넘는 것으로서, 하나님과의 관계 안에서
솟아나는 거룩한 감정입니다. 순종할수록 하나님의 뜻이 분명히 깨달아지
고, 그분의 뜻을 따라가는 길에 기쁨이 더해집니다. 작은 순종이라 할지라도
하나님은 기쁘게 받으시며, 그 안에 하늘의 복을 예비해두십니다. 순종은 성

도의 마음을 하나님의 마음과 더욱 가까이 연결시키는 통로가 됩니다. "너희가 즐겨 순종하면 땅의 아름다운 소산을 먹을 것이요"(사 1:19).

순종하기 어려운 상황이었는데, '해 보니 잘했다'는 마음이 들었던 순간이 있으신가요?

① 예배에 빠지고 싶었는데, 억지로 나갔다가 은혜받고 마음이 회복됐을 때

② 화내고 싶었지만, 꾹 참고 기도했더니 상황이 좋아졌을 때

③ 용서하기 힘든 사람을 하나님 말씀을 붙잡고 용서했을 때

④ 귀찮았지만 누군가를 도와주고 나서 기뻤을 때

⑤ 말씀대로 물질을 나눴더니 뜻밖의 채움이 있었을 때

⑥ 순종 후에 아무 일도 안 생겼지만, 이상하게 마음이 평안했을 때

5. 성도의 교제를 통한 기쁨(Fellowship of Believers)

믿음은 교제를 통한 기쁨을 성도의 심령에 채워줍니다. 믿음은 혼자 지켜가는 것이 아니라, 함께 걸어갈 때 더욱 든든해집니다. 소그룹에서 갖는 성도의 교제는 마음을 나누고, 믿음을 격려하며, 서로를 세워주는 은혜의 통로입니다. 함께 들었던 말씀을 나누고, 같은 방향을 바라보는 사람들과 함께할 때, 외로움은 물러가고 기쁨이 찾아옵니다. 함께 교제하는 그 자리가 커다란 기쁨의 자리가 됩니다. 교제하는 중에 기도 제목을 나누고 서로를 위해서 기도하는 것도 신앙인들의 가슴에 형언할 수 없는 기쁨을 가져다줍니다.

믿음이 흔들릴 때 붙잡아주는 공동체가 있다는 사실은 성도에게 커다란 축복입니다. 그 모임에서 서로를 판단하는 것이 아니라, 있는 모습 그대로 받아주고 품어주는 사랑이 기쁨을 만들어 냅니다. 그 자리에서만큼은 객관적이지 않아도 괜찮고, 냉철하지 않아도 괜찮습니다. 그 자리가 교제하면서

혼자서는 얻을 수 없는 따뜻함을 얻는 자리이기 때문입니다.

믿음의 지체들과 함께 웃고, 함께 눈물을 흘리며, 함께 자라가는 신앙 여정 속에 참된 기쁨이 있습니다. 하나님의 가족이라는 정체성 안에서 성도들은 서로를 향한 책임과 기쁨을 함께 누리는 사람들입니다. "보라 형제가 연합하여 동거함이 어찌 그리 선하고 아름다운고"(시 133:1).

소그룹이나 교회 공동체 안에서 '함께여서 기뻤던 순간'이 언제였나요?

① 내가 힘들 때 아무 말 없이 옆에 있어 준 사람을 보면서 기뻤다.

② 기도 제목을 나눴는데, 지체들이 진심으로 나를 위해서 기도해 주는 것을 보면서 기뻤다.

③ 말씀 나눔 중에 누군가의 고백이 내 마음에 큰 위로가 되었을 때가 나에게 기쁨을 가져다 주었다.

④ 예배 후 함께 먹고 웃으며 따뜻한 교제를 나눴을 때가 기뻤다.

⑤ 내 신앙 고민을 털어놨는데, 누구도 판단하지 않고 공감해줬을 때 기뻤다.

⑥ 특별한 날(생일, 새가족 환영 등)에 소그룹의 지체들이 나를 기억해주고 축복해줬을 때 기쁨을 느꼈다.

6. 어려움 중에도 소망을 잃지 않는 기쁨(not to Lose Hope)

믿음은 신앙인들에게 어려움 중에도 소망을 잃지 않는 기쁨을 가져다줍니다. 믿음이 있는 사람은 어려움으로 인해서 완전히 무너지지 않습니다. 왜냐하면 눈에 보이는 현실이 전부가 아니라는 것을 알기 때문입니다. 믿음은 신자로 하여금 어두운 터널의 끝에 빛이 있다는 소망을 품게 합니다. 고난 중에서도 하나님이 나와 함께하신다는 확신이 성도의 마음에 평안과 기쁨을 가져다줍니다. 문제가 사라지지 않아도, 하나님의 약속이 여전히 유효하다는 성경의 가르침이 성도를 버티게 하는 힘입니다.

믿음은 아픔 가운데서도 감사의 이유를 발견하게 하고, 눈물 속에서도 찬양의 이유를 찾게 합니다. 세상이 줄 수 없는 근원적인 기쁨이 이 소망의 믿음에서 나옵니다. 신앙인들에게 이 기쁨이 고난을 이겨내는 힘이 됩니다. 어떤 환경에서도 하늘의 소망을 빼앗기지 않기에, 끝까지 기쁨을 상실하지 않을 수 있습니다. 믿음의 눈으로 고난을 바라보면서, 그것마저도 하나님이 준비하신 선한 계획의 일부임을 믿기 때문입니다. "너희가 여러 가지 시험을 만나거든 온전히 기쁘게 여기라"(약 1:2).

'눈물 나는 상황에서 웃게 하신 하나님의 은혜!' 이런 경험이 있다면 소개해 주시기 바랍니다.
　① 속이 상할 때 들었던 찬양 한 곡이 마음에 평안을 가져다주었을 때
　② 몸과 마음이 아파서 힘들었는데, 말씀 한 구절이 꼭 나를 향한 말씀처럼 느껴졌을 때
　③ 속상한 일을 겪은 후에 아무에게도 얘기하지 않았는데, 누군가 따뜻한 격려 메시지를 보내줬을 때
　④ 낮에 있었던 힘든 일로 잠을 못 이루던 밤, 뜻밖의 전화 한 통에 마음을 풀렸을 때
　⑤ 일에 치여서 지쳐 있었는데, 누군가 내 이름을 부르면서 기도하는 것을 보았을 때
　⑥ 마음이 무너진 날, 아이처럼 하나님께 하염없이 털어놓는 중에 깊은 평안을 경험했을 때

7. 하나님께 쓰임 받는 기쁨(to Be used by God)

믿음은 신자에게 하나님께 쓰임 받는 기쁨을 가져다줍니다. 하나님은 믿

음으로 자신을 드리는 자를 통해서 일하시는 분입니다. 내가 가진 것이 작아 보여도, 하나님은 그것을 통해서 놀라운 일을 이루십니다. 이렇게 하나님께 쓰임 받고 있다는 사실 자체가 성도에게 큰 영광이자 기쁨이 됩니다. 하나님의 일에 쓰임을 받으면서, 성도는 삶의 목적과 의미를 발견하면서 기뻐하는 자입니다.

신앙인들에게 쓰임 받는 삶은 단순히 봉사를 넘어서, 하나님과 동행하는 거룩한 특권입니다. 믿음으로 인해서, 신앙인들은 '나 같은 사람도 하나님께 쓰임 받을 수 있다'는 감격을 날마다 새롭게 경험할 수 있습니다. "내가 달려갈 길과 주 예수께 받은 사명 곧 하나님의 은혜의 복음을 증언하는 일을 마치려 함에는 나의 생명조차 조금도 귀한 것으로 여기지 아니하노라"(행 20:24).

더욱 풍성하게 하나님께 쓰임을 받기 위해서 바꿔야 하는 태도나 습관에 무엇이 있을까요?
　① '나는 부족해' 하면서 자꾸 뒤로 빠지는 태도
　② 하나님보다 사람 눈치를 먼저 보는 습관
　③ 바쁘다는 이유로 자꾸 섬김을 사양하는 습관
　④ 작은 일이라고 하면서 하찮게 여기는 태도
　⑤ 무엇이든지 완벽하게 하려다가 시작도 못하는 성격
　⑥ 쓰임 받는 것은 대단한 사람만 하는 것이라고 생각하는 것

신앙인들은 '상황을 뛰어넘는 기쁨'을 순간순간 경험하면서 살아가는 사람들입니다. '상황을 뛰어넘는 기쁨!' 이것이 어떤 의미인지를 조용히 생각해 보시기 바랍니다.

지금까지 "믿음의 기쁨"이라는 주제로 성경 공부를 하였습니다. 성경 공부를 통해서 깨달은 점이나 마음에 남은 은혜나 새롭게 얻은 통찰을 간단하게 적어 보시기 바랍니다. 이 기록이 앞으로 하나님과 함께 걸어갈 믿음의 여정을 새롭게 준비하는 소중한 흔적이 될 것입니다.

예시

성경 공부를 통해서 믿음이 삶 속에서 누리는 실제적인 기쁨이 됨을 깨달았습니다. 하나님과의 동행, 말씀의 인도하심, 기도와 순종, 공동체 지체들과의 교제 안에서 경험하는 다양한 기쁨들이 제 안에 미리 있음을 새삼스레 알게 되었습니다. 특히 고난 중에도 소망을 잃지 않는 기쁨이 얼마나 귀한 것인지를 되새기게 되었습니다. 이 기쁨이 앞으로의 신앙 여정에서도 나를 견고히 붙들어주는 힘이 되리라 믿습니다.

믿음의 확장

7과. 믿음의 확장

1. 가정에서의 믿음의 확장

2. 교회 공동체 안에서의 믿음의 확장

3. 일상생활에서의 믿음의 확장

4. 섬김과 선한 행실을 통한 믿음의 확장

5. 고난 중에 드러나는 믿음의 확장

6. 복음 전도를 통한 믿음의 확장

7. 다음 세대에 전수되는 믿음의 확장

7과. 믿음의 확장

믿음은 단순히 마음속에 머무는 가치가 아니라, 삶 전체를 통해서 드러나는 능동적인 가치입니다. 진짜 믿음은 시간이 흐를수록 더 넓게, 더 깊게 그 영향력을 확장시켜 가는 성격을 갖습니다. 믿음은 성도가 존재하는 삶의 모든 자리에서 그 영향력을 행사합니다. 하나님께서 성도 각 사람을 부르신 이유가 믿음의 확장에 있습니다. 하나님은 성도의 믿음이 멈추지 않고 계속해서 퍼져나가기를 원하십니다. 성도는 믿음을 삶의 자리에서 행동으로 드러내면서 하나님을 증거하고, 하나님 나라를 확장해 나가는 사람입니다.

[들어가면서]

작년에 친구와 작은 모임을 만들었습니다. 처음에는 그 친구와 나뿐이었는데, 시간이 지나면서 한 명씩 한 명씩 관심을 보이더니 어느새 모임이 꽤 커졌습니다. 주변 사람들에게 홍보를 한 것도 아닌데, 모임의 좋은 분위기가 입소문을 타면서 사람들이 모여 들였습니다.

믿음도 이렇게 퍼져나갑니다. 나의 믿음이 생활 속에서 좋게 비추어지면서 주변 사람들에게 자연스럽게 영향을 끼칩니다. 내 삶에서 묻어나는 믿음의 향기가 누군가의 마음을 열고, 또 그 사람이 또 다른 이의 마음을 열면서,

믿음은 점점 넓게 퍼져갑니다. 믿음이 건강하게 확장되어 나가는 것만큼 하나님을 기쁘시게 하는 것은 없습니다. 하나님은 우리의 믿음이 작은 울타리를 넘어 세상 속으로 계속해서 퍼져가기를 바라시는 분입니다.

1. 가정에서의 믿음의 확장(Family)

성도의 믿음은 먼저 가족들에게 흘러갑니다. 가정은 믿음의 훈련장으로서, 성숙한 신앙이 자라나는 가장 실제적인 현장입니다. 성도의 말과 행동은 가족에게 하나님의 사랑을 보여주는 거울이 됩니다. 가족을 위해서 기도하고 축복하는 삶은 그들에게 복음의 씨앗을 심는 일입니다. 작은 섬김과 배려와 따뜻한 말 한마디가 가정에서 나의 믿음을 가족들에게 전하는 통로가 됩니다. 말씀과 기도의 본이 되는 부모는 자녀에게 신앙의 길잡이가 되어주는 것입니다.

특별히 가족 중에 믿지 않는 이가 있다면, 말보다는 삶으로 믿음을 보여주어야 합니다. 성도의 삶에서 드러나는 사랑과 관용의 모습이 가족의 마음을 하나님께로 열리게 하는 열쇠가 됩니다. 믿음은 가정에서 가족들에게 흘러가는 사랑으로 확장됩니다. 가정에서 믿음의 향기가 물씬 풍겨날 때, 하나님께서 기뻐하시는 믿음의 가문이 세워집니다. "6 오늘 내가 네게 명하는 이 말씀을 너는 마음에 새기고 7 네 자녀에게 부지런히 가르치며 집에 앉았을 때에든지 길을 갈 때에든지 누워 있을 때에든지 일어날 때에든지 이 말씀을 강론할 것이며"(신 6:6-7).

아름다운 믿음의 가정이 되기 위해서 지금 우리 가정에 가장 필요한 모습이 무엇이라고 생각하시나요?
① 배려심을 가지고 가족들에게 따뜻하게 말하려고 노력하는 것
② 바쁜 일상 속에서도 함께 예배하고 기도할 수 있는 시간
③ 갈등을 신앙 안에서 평화롭게 풀어가려는 태도

④ 경제적 어려움 중에서도 감사하고 서로 의지하려고 하는 마음

⑤ 자녀 양육과 신앙 교육을 위한 인내와 지혜

⑥ 믿지 않는 가족이 하나님을 알게 되는 구원의 은혜

2. 교회 공동체 안에서의 믿음의 확장(Church Community)

믿음은 신앙 공동체 안에서의 훈련과 교제를 통해서 더욱 깊어지고 확장됩니다. 교회의 지체들은 성도들이 함께 예배하고 교제하면서 믿음을 나누는 영적 가족입니다. 다양한 성격과 여러 삶의 양식을 가진 성도들이 연합하여 하나님의 뜻을 이루어가는 가운데, 믿음이 자라고 확장됩니다. 서로의 목소리에 귀를 기울이고 문제가 생겼을 때 그를 위해서 기도할 때, 그 모임 안으로 하나님의 사랑과 회복의 은혜가 흘러들어갑니다. 신앙 공동체 안에서 내가 받은 은혜를 나누고 고민을 나누는 가운데, 서로를 세워가는 믿음의 교제가 풍성하게 일어납니다.

신앙 공동체는 서로를 향한 작은 섬김들이 모여 하나님의 사랑을 이루어가는 자리입니다. 하나님은 성도의 작은 섬김 하나도 기쁘게 보시면서, 그 섬김을 통해서 교회 안에 믿음의 온기를 퍼뜨리시는 분입니다. 믿음은 '나만 잘 믿는 것'이 아니라, '함께 믿음이 자라가는 것'으로 확장되어야 합니다. "46 날마다 마음을 같이하여 성전에 모이기를 힘쓰고 집에서 떡을 떼며 기쁨과 순전한 마음으로 음식을 먹고 47 하나님을 찬미하며 또 온 백성에게 칭송을 받으니 주께서 구원받는 사람을 날마다 더하게 하시니라"(행 2:46-47).

공동체 안에서 '이래서 함께 하는 게 참 좋구나'라고 느꼈던 순간이 언제였나요?

① 처음 모임에 나갔을 때 따뜻하게 맞아주는 사람들 덕분에 마음의 문이

3. 일상생활에서의 믿음의 확장(Daily Life)

성도의 일상은 믿음이 확장되는 자리입니다. 성도에게 일상은 하나님의 말씀이 실천되는 가장 실제적인 무대입니다. 직장이나 학교, 이웃과의 관계 속에서, 성도는 복음의 편지로 살아갑니다. 말보다는 행동 속에서, 주장보다는 경청하는 태도 속에서 그리스도의 향기가 그들에게 전해집니다. 작은 약속을 지키는 성실함, 정직한 언행, 친절한 말 한마디가 나의 믿음을 풍겨내는 통로가 됩니다. 세상과 타협하지 않고 진실하게 살아가는 모습 역시 묵묵히 믿음을 풍겨내는 그리스도의 편지가 됩니다. 성도가 살아가는 방식은 세상 사람들의 방식과 달라야 합니다. 성도의 삶은 어디서든지 하나님의 나라를 드러내는 살아 있는 간증이 되어야 합니다.

언짢은 일이 생겼을 때 감정을 조절하며 인내하는 성도의 모습에서 하나님의 성품이 드러납니다. 빛과 소금의 삶은 눈에 띄는 특별한 활동이 아니라, 평범한 하루 속에 나타나는 성도의 태도입니다. 이런 점에서 볼 때 일상에서의 성도의 삶은 세상 사람들에게 하나님을 보여주는 살아있는 설교가 됩니다. "2 너희는 우리의 편지라 우리 마음에 썼고 뭇 사람이 알고 읽는 바라 3 너희는 우리로 말미암아 나타난 그리스도의 편지니 이는 먹으로 쓴 것이 아니요 오직 살아 계신 하나님의 영으로 쓴 것이며 또 돌판에 쓴 것이 아니요 오직 육의 마음 판에 쓴 것이라"(고후 3:2-3).

4. 섬김과 선한 행실을 통한 믿음의 확장(Service and Good Deeds)

섬김과 선한 행실을 통해서도 성도의 믿음이 확장됩니다. 참된 믿음은 이웃을 섬기고 선을 행하는 모습으로 자연스럽게 드러납니다. 하나님의 은혜로 성도에게 주어진 믿음은 세상 속에서 선한 영향력으로 확장되어 가는 성격을 갖습니다. 누군가에게 베푸는 작은 친절, 따뜻한 배려, 눈에 띄지 않는 작은 섬김이 하나님께서 기뻐 받으시는 믿음의 열매가 됩니다. 믿는 사람의 선한 행실은 어두운 세상을 밝혀 주는 등대와 같습니다. 성도가 약자에게 손을 내밀고 어려운 이웃을 돌아보는 것은 그들에게 믿음을 드러내는 가장 실제적인 방법입니다. 불의를 보았을 때 외면하지 않고, 정직과 정의를 실천하는 태도 역시 성도의 믿음의 깊이를 보여주는 지표가 됩니다.

섬김과 선한 행실은 세상 속에 하나님 나라를 구현해내는 데 있어서 반드시 필요한 믿음의 실천입니다. 신앙인들이 선을 행할 때, 사람들은 그들이 믿는 하나님을 궁금해하게 됩니다. 하나님에 대해서 관심을 갖게 됩니다. 이런 점에서 볼 때 그리스도를 믿는 신앙인들은 삶 전체를 통해서 믿음을 살아내는 사람이라 칭할 수 있습니다. "오직 선을 행함과 서로 나누어 주기를 잊지 말라 하나님은 이 같은 제사를 기뻐하시느니라"(히 13:16).

일상에서 내가 평소에 실천하고 있는 '선한 습관'에 무엇이 있을까요?

① 누군가를 만났을 때 먼저 인사하고, 감사 표현 자주 하는 것

② 말을 아끼면서 부드럽게 얘기하는 것

③ 작은 약속이라도 꼭 지키려고 하는 것

④ 엘리베이터나 문 잡아주기 같은 배려

⑤ 소그룹의 지체들을 위해서 기도하는 것

⑥ 쓰레기 줍기와 자리 정리하기 등 남몰래 주변 환경을 깨끗이 하는 것

5. 고난 중에 드러나는 믿음의 확장(Suffering)

믿음은 평안할 때보다, 고난 중에 더욱 빛을 발합니다. 성도는 시련 속에서도 하나님을 붙들며 흔들리지 않는 소망을 움켜잡는 사람입니다. 고난을 믿음으로 견뎌내는 삶은 세상 사람들에게 복음의 신비를 드러냅니다. 시련 중에도 하나님을 신뢰하는 성도의 삶을 보면서 주변 사람들이 하나님을 향해서 마음을 열기 때문입니다. 이런 점에서 볼 때 고난 중에서도 믿음을 잃지 않는 성도의 모습은 말로 하는 설교보다 더 큰 감동을 준다고 이야기할 수 있습니다.

믿음은 고난을 없애는 마술 같은 능력이 아니라, 고난을 이기게 하는 능력입니다. 세상은 고난 앞에서 절망하지만, 성도는 고난 속에서 소망을 품습니다. 고난 중에 드러나는 성도의 믿음은 '조용히' 그러나 '분명하게' 세상 가운데서 복음을 확장시킵니다. "8 우리가 사방으로 우겨쌈을 당하여도 싸이지 아니하며 답답한 일을 당하여도 낙심하지 아니하며 9 박해를 받아도 버린 바 되지 아니하며 거꾸러뜨림을 당하여도 망하지 아니하고 10 우리가 항상 예수의 죽음을 몸에 짊어짐은 예수의 생명이 또한 우리 몸에 나타나게 하려 함이라"(고후 4:8-10).

내가 겪은 어려움이 누군가에게 위로와 격려가 되었던 순간이 있었나요?

① 나의 아팠던 경험을 나누었더니 누군가 '큰 위로가 됐어요'라고 말했을 때

② 나의 실패를 솔직하게 고백했더니 상대가 눈물을 보였을 때

③ 가족 문제로 힘들었던 이야기를 했더니 그 사람도 자신의 이야기를 털어놨을 때

④ 진로 문제로 방황했던 이야기를 나눴더니 그 사람이 '나도 그런 경험이 있었어요'라고 얘기했을 때

⑤ 신앙이 흔들렸던 경험을 나눴더니 누군가 '나도 그런 순간이 있었다'고 공감해줬을 때

⑥ 힘들었던 시간을 지나면서 깨달은 은혜를 나눴더니 누군가 '나도 당신처럼 다시 믿음으로 일어나겠습니다'라고 말했을 때

6. 복음 전도를 통한 믿음의 확장(Gospel Evangelism)

믿음은 복음 전도를 통해서 가장 명확하게 확장됩니다. 믿음은 개인 안에만 머물지 않아야 하며, 반드시 세상으로 뻗어나가야 합니다. 복음을 전하는 일은 성도의 믿음이 외부로 확장되는 가장 적극적인 모습입니다. 성도의 간증과 전도와 선교 모두가 살아 있는 믿음의 자연스러운 열매입니다. 복음 전도는 사람들에게 생명을 나누어 주는 일입니다. 예수님을 만난 사마리아 여인이 동네로 달려가서 자신이 만난 예수님을 사람들에게 들려주었던 것처럼(요 4:28-30), 진짜 믿음은 전하지 않고는 견딜 수 없는 마음으로 이어집니다.

전도는 특별한 사람만 하는 일이 아니라, 예수님을 만난 모든 성도가 감당해야 하는 사명입니다. 복음을 전할 때, 성도는 다시 한번 더 복음의 능력을 경험하게 됩니다. 나의 믿음을 누군가와 나누면서 더 깊어지는 것처럼, 복음

도 거듭 전해될 때 능력이 배가됩니다. 복음 전도는 시대를 변화시켜 나가는 하나님의 방법입니다. "28 여자가 물동이를 버려두고 동네로 들어가서 사람들에게 이르되 29 내가 행한 모든 일을 내게 말한 사람을 와서 보라 이는 그리스도가 아니냐 하니 30 그들이 동네에서 나와 예수께로 오더라"(요 4:28-30).

복음을 전한 후에 오히려 내가 더 은혜를 받았던 순간이 있었나요?
　① 내 이야기를 듣는 중에 그 사람이 눈물을 흘렸을 때
　② 복음을 들은 사람이 진지하게 반응해줘서 마음이 기뻤을 때
　③ 복음을 전하고 나서 '나도 예수님을 믿고 싶어요!' 그 사람에게서 이런 애기를 들었을 때
　④ 말도 더듬고 여러 가지로 부족했지만, 그 사람이 끝까지 경청해 줘서 마음이 뭉클했을 때
　⑤ 준비가 부족했다고 생각했는데, 하나님이 그 순간을 붙잡고 역사하심을 느꼈을 때
　⑥ 복음을 전한 후에 복음이 내 가슴에 더욱 선명하게 새겨졌을 때

7. 다음 세대에 전수되는 믿음의 확장(Next Generation)

믿음은 한 세대에서 끝나지 않고, 반드시 다음 세대로 이어져야 합니다. 부모 세대에게 자녀 세대로 이어지는 믿음의 전수는 하나님의 마음을 흡족하게 해 드리는 일입니다. 이런 점에서 볼 때 믿음의 계승은 하나님 나라를 끊기지 않게 하는 거룩한 릴레이와도 같습니다. 나의 신실한 신앙이 자녀와 손주 세대 살리고, 나아가서 다음 세대들이 속한 사회까지를 살려냅니다. 다음 세대가 믿음을 갖지 않는다면, 가정을 넘어서 그 사회 전체가 영적으로 무너질 수 있기 때문입니다. 따라서 성도가 자녀에게 말씀과 기도를 가르치면서 믿음을 전하는 것은 하나님 나라를 확장시키는 가장 복된 투자입니다.

성도는 나 혼자 잘 믿는 것을 넘어서, 후손들에게 믿음을 전해주는 일에까지 마음을 두어야 합니다. 다음 세대가 복음 위에 설 때, 믿음이 시간과 공간을 넘어서 계속 확장될 수 있습니다. 오늘 식탁과 거실과 예배 자리에서 드러나는 나의 작은 믿음의 본과 가르침이 다음 세대에게 평생의 복음 교과서가 됨을 기억하시기 바랍니다. 하나님께서 지금 내가 심는 말씀과 기도의 씨앗을 자라게 하실 것입니다. "대대로 주께서 행하시는 일을 크게 찬양하며 주의 능한 일을 선포하리로다"(시 145:4).

함께 나누어요 ❼

자녀나 후배나 다음 세대에게 믿음을 전하기 위해서 어떤 일을 해 봤나요?

① 함께 예배드리거나 기도하는 시간을 만들어봤다.
② 좋은 말씀 구절을 찾아서 카톡으로 보내준 적이 있다.
③ 신앙 도서를 선물해본 적이 있다.
④ 삶의 어려움을 신앙적으로 해석해서 전한 적이 있다.
⑤ 교회의 수련회에 초대하거나 데려간 적이 있다.
⑥ 그냥 묵묵히 믿음의 본을 보여주려고 애를 쓴다.

함께 나누어요 ❽

최근에 믿음이 나의 일상에서 확장되었다고 느낀 순간이 있습니까? 그 순간에 어떤 느낌이 들어갔나요?

지금까지 "믿음의 확장"이라는 주제로 성경 공부를 하였습니다. 성경 공부를 통해서 깨달은 점이나 마음에 남은 은혜나 새롭게 얻은 통찰을 간단하게 적어 보시기 바랍니다. 이 기록이 앞으로 하나님과 함께 걸어갈 믿음의 여정을 새롭게 준비하는 소중한 흔적이 될 것입니다.

예시

성경 공부를 통해서 믿음이 계속해서 확장되어야 한다는 사실을 깨달았습니다. 믿음은 마음속의 고백을 넘어서, 가정과 공동체와 일상과 다음 세대로까지 흘러가야 하는 가치입니다. 특히 일상에서 내가 드러내는 작은 행동들이 누군가에게 복음의 씨앗이 될 수 있다는 것을 알고 더욱 신중해야 함을 깨달았습니다. 앞으로도 삶의 자리에서 믿음을 건강하게 드러내고, 흘려보내는 사람이 될 것을 다짐해 봅니다.

믿음의
동역

8과. 믿음의 동역

1. 교회를 통해서 하나님 나라를
   일구어가시는 하나님
2. 성도들이 힘을 모을 때 커지는
   영적 파워
3. 서로의 은사를 존중함
4. 바울의 믿음의 동역자들
5. 갈등 속에서도 이어지는 믿음의 동역
6. 기도와 물질로 함께 하는 믿음의 동역
7. 믿음의 동역, 하나님 나라 사명을 위한
   공동 헌신

8과. 믿음의 동역

하나님께서는 성도의 믿음의 여정을 누군가와 함께 걸어가도록 설계하셨습니다. 이 일을 위해서 하나님은 성도들을 신앙 공동체로 부르셨고, 세상 속에서 하나님 나라를 함께 이루어가도록 하셨습니다. 믿음의 동역은 단순한 협력의 차원을 넘어서, 힘을 모아서 어둠 속에 빛을 비추는 연합된 사명입니다. 성도들이 함께 기도하고, 서로의 은사를 나누며, 사랑으로 협력할 때 그 영향력은 교회를 넘어서 세상으로 확장됩니다. 하나님은 교회 공동체의 연합을 통해서 이 땅에 그분의 나라를 세워 가시는 분입니다.

[들어가면서]

얼마 전 합창대회에 갔다가 그들이 연습하는 과정을 지켜봤습니다. 모두 뛰어난 목소리를 가진 사람들일 텐데, 처음에는 음이 맞지 않아서 엉성하게 들렸습니다. 그런데 지휘자의 지도를 받으며 서로의 소리를 듣고, 높낮이를 맞추고, 호흡을 함께 하자, 나중에는 완전히 다른 무대가 되었습니다. 무대에 섰을 때 청중들에게 연습할 때 없었던 훨씬 풍성하고 감동적인 울림을 선사했습니다.

믿음의 동역도 그렇습니다. 혼자일 때보다 함께 조화를 이룰 때 훨씬 깊이, 훨씬 멀리, 훨씬 넓게 믿음이 퍼져갈 수 있습니다. 믿음의 사람들이 서로가 가지고 있는 은사들을 존중하고 기도와 사랑으로 힘을 모으는 만큼, 하나님 나라가 더 크고 견고하게 확장됩니다. 이러한 견고한 믿음의 동역은 동역자들 사이에 의견 차이와 갈등도 넉넉하게 극복하게 만듭니다. 마음과 생각을 모으면서 믿음의 식구들이 같은 목표를 향해서 나아갈 때 신앙 공동체는 아름다운 비전공동체가 됩니다.

1. 교회를 통해서 하나님 나라를 일구어가시는 하나님 (Church)

하나님은 교회를 통해서 하나님 나라를 세워가십니다. 교회는 세상의 빛과 소금으로 부르심을 받은 믿음의 공동체입니다. 신앙 공동체는 하나님의 뜻을 이 땅에 실현하는 데에 쓰임 받는 하나님의 전진기지입니다. 예수님께서도 제자 공동체를 세우시면서 복음 사역을 시작하셨습니다. 교회는 하나님의 임재가 머무는 거룩한 지체들의 연합입니다. 신앙인들은 교회 안에서 함께 성장하며, 하나님께서 맡기신 사명을 힘을 모아 감당해 나가는 사람들입니다.

신앙 공동체는 서로를 세우고, 상처를 싸매고, 하나님을 예배하며 하나님의 나라를 보여주는 삶의 장입니다. 하나님은 교회를 통해서 세상에 그분의 사랑을 증거하시면서 하나님 나라를 일구어 가십니다. 한 사람의 열심보다, 모두가 하나가 되는 공동체의 일치됨이 하나님 나라의 사역에서 더 큰 능력을 드러냅니다. 믿음의 공동체는 이 땅 가운데 하나님 나라의 뜻을 삶으로 구현하는 공적 책임 공동체입니다. "22 또 만물을 그의 발아래에 복종하게 하시고 그를 만물 위에 교회의 머리로 삼으셨느니라 23 교회는 그의 몸이니 만물 안에서 만물을 충만하게 하시는 이의 충만함이니라"(엡 1:22-23).

'하나님은 교회를 통해서 하나님 나라를 일구어가신다!' 이 말이 어떻게 다

2. 성도들이 힘을 모을 때 커지는 영적 파워(to Join Strengths)

성도들이 마음을 모아서 하나가 될 때, 세상에 하나님의 나라가 세워지는 기반이 마련됩니다. 혼자 믿음을 지킬 때보다, 함께 기도하면서 움직이는 믿음이 될 때, 커다란 영적 파워가 생겨납니다. 초대교회의 모든 성도들이 하나가 돼서 복음을 전했을 때 그들이 살던 도시와 문화가 변화되었습니다. 공동체의 연합된 믿음은 세상의 혼란과 죄악에 맞서서 하나님의 정의와 사랑을 세우는 능력이 됩니다.

성도들의 연합은 세상에 복음을 전함에 있어서 그 자체로 강력한 메시지가 되며, 갈라지고 분열된 세상에 하나님의 질서를 회복시키는 능력이 됩니다. 연합된 공동체는 세상에 나가서 가난한 이웃을 돌보고, 불의에 맞서며, 진리를 외치면서, 담대하고 우직하게 맡겨진 사명을 감당해 나갑니다. 이러한 연합이 곧 하나님 나라의 능력입니다. 하나님은 연합된 성도 공동체를 통해서 세상 한복판에 그분의 나라를 더욱 분명하고 찬란하게 세워가십니다.

성도들의 이러한 연합은 인간적인 전략을 뛰어넘습니다. 기도와 순종 가운데 이뤄진 영적 연합은 하나님의 뜻을 이 땅에 실현하는 통로가 됩니다. 성도의 연합의 걸음들이 역사를 바꾸어가는 단초가 됩니다. "17 하나님의 나라는 먹는 것과 마시는 것이 아니요 오직 성령 안에 있는 의와 평강과 희락이라 18 이로써 그리스도를 섬기는 자는 하나님을 기쁘시게 하며 사람에게도 칭찬을 받느니라"(롬 14:17-18).

오늘 내가 교회의 연합을 위해서 작게 실천할 수 있는 것에 무엇이 있을까요?

① 그동안 연락 안 하던 공동체의 지체에게 문자로 안부를 묻기
② 모임 시간에 10분 일찍 와서 활짝 웃으면서 맞이하기
③ 오늘 하루 공동체의 지체들을 위해서 중보기도 하기
④ 평소에 마음을 전하지 못했던 신앙 동료에게 '함께 있어 줘서 고맙다'고 감사 문자 보내기
⑤ 공동체 모임이 끝난 후 뒷정리를 자원해서 도와주기
⑥ 의견이 달랐던 지체에게 먼저 다가가서 미소를 지으면서 인사말 건네기

3. 서로의 은사를 존중함(to Honor)

성도들은 각자의 은사를 존중해야 합니다. 하나님은 모든 성도에게 각각 다른 은사를 주셨습니다. 누군가는 섬기는 일에, 누군가는 가르치는 일에, 누군가는 위로하고 돕는 일에 은사를 주셨습니다. 다양한 은사는 하나님 나라의 사역이 풍성하게 이루어지도록 설계된 하나님의 지혜입니다. 교회 공동체는 하나의 몸과 같아서, 각 지체가 맡은 역할을 충실히 감당할 때 건강하게 움직여 나갑니다. 서로의 은사를 인정하고 존중할 때, 성도들은 마음을 모아 협력하면서 하나님 나라를 위해서 헌신할 수 있습니다. 성도들의 이러한 협력은 세상 속에 하나님 나라를 선포하는 공적 증언이 됩니다.

다양한 은사들이 선한 영향력으로 드러날 때, 하나님 나라의 질서가 교회를 통해서 세상 속에 세워집니다. 다양한 은사의 조화는 혼란스러운 세상에

하나님의 정의와 평화를 심는 거룩한 통로가 됩니다. 사랑 안에서 각 은사를 질서 있게 사용하면서 서로를 세워갈 때, 교회는 성령의 능력으로 하나 되어 세상 속에 하나님의 통치를 명확하게 드러냅니다. "2 내가 유다 지파 훌의 손자요 우리의 아들인 브살렐을 지명하여 부르고 3 하나님의 영을 그에게 충만하게 하여 지혜와 총명과 지식과 여러 가지 재주로 4 정교한 일을 연구하여 금과 은과 놋으로 만들게 하며 5 보석을 깎아 물리며 여러 가지 기술로 나무를 새겨 만들게 하리라"(출 31:2-5).

다른 사람의 은사를 어떻게 대하고 있나요?

① '와, 멋지다!' 진심으로 인정하고 자주 격려하는 편이다.

② 겉으로는 축하하지만, 속으로는 살짝 부러울 때도 있다.

③ '가끔 나도 저런 은사가 있었으면 좋겠다!' 이렇게 생각하면서 위축될 때가 있다.

④ 비교하다가 자존감이 떨어질 때가 많다.

⑤ 다른 사람의 은사를 판단하거나 무시한 적이 있었던 것 같다.

⑥ 은사가 서로 다르니, 비교하지 않고 각자의 역할을 소중하게 여기려고 한다.

4. 바울의 믿음의 동역자들(Paul's Co-workers)

하나님은 복음의 사역을 혼자 감당하지 않도록 바울에게 믿음의 동역자들을 붙여주셨습니다. 디모데는 젊은 나이였지만, 바울은 그를 아들처럼 여기며 복음의 현장에 동행하도록 하였습니다. 브리스길라와 아굴라는 가정을 열어서 교회로 섬기면서, 바울과 함께 복음의 전략적 거점을 만들었습니다. 에바브로디도는 바울을 대신해서 성도들을 섬겼고, 복음을 위해서 자신의 생명까지 아끼지 않았던 충성된 일꾼이었습니다. 바울이 감옥에 있을 때에도, 이들은 그 사역을 중단 없이 이어가면서 복음의 증인 역할을 감당했습니다.

이처럼 각자의 자리에서 자신의 은사와 형편에 따라서 헌신한 바울의 동역자들이 있었기에 그 사회에 복음이 전파되고 하나님 나라가 확장될 수 있었습니다. 더 나아가서 이들의 헌신과 협력은 도시를 넘어서 제국 전체에 하나님의 나라가 임하도록 만드는 힘이 되었습니다. 하나님 나라는 동역자들의 연합과 섬김을 통해서 세상 속에 이루어져 갑니다. "디모데의 연단을 너희가 아나니 자식이 아버지에게 함같이 나와 함께 복음을 위하여 수고하였느니라"(빌 2:22).

5. 갈등 속에서도 이어지는 믿음의 동역(to Overcome Conflict)

반복하건대, 하나님 나라는 성도들의 동역을 통해서 힘차게 이루어져 갑니다. 그런데 아쉽게도 동역하는 과정에서 서로 다른 배경과 성격과 이해의 차이로 인해서 성도들 사이에서 갈등이 생길 수밖에 없습니다. 바울과 바나바도 전도 여행에 마가를 데리고 갈 것인지의 문제로 심하게 다투었습니다. 하지만 그 갈등이 복음 사역을 멈추게 하지 않았고, 오히려 두 팀이 나뉘어서 더 많은 지역에 복음이 전해졌습니다.

하나님은 인간의 연약함을 들어 쓰시면서 당신의 나라를 계속해서 확장해 가시는 분입니다. 중요한 것은 '갈등이 없느냐'가 아니라, '갈등을 어떻게 다루느냐'입니다. 성도들이 서로의 차이를 용납하면서 이해하고 수렴할 때, 갈등을 극복하면서 하나님 나라가 이 땅 가운데 더욱 견고하게 세워집니다.

갈등을 신중히 다루는 공동체는 세상 사람들에게 사랑과 화해의 본을 보여줍니다. 이러한 모습 자체가 분열과 대립으로 가득한 세상에 하나님 나라의 질서를 드러내는 강력한 증거가 됩니다. 하나님은 갈등 속에서도 끝까지 함께 걷는 동역자들을 통해서 세상 속에 그분의 나라를 세워 가십니다. "13 누가 누구에게 불만이 있거든 서로 용납하여 피차 용서하되 주께서 너희를 용서하신 것 같이 너희도 그리하고 14 이 모든 것 위에 사랑을 더하라 이는 온전하게 매는 띠니라"(골 3:13-14).

> **함께 나누어요 ⑤**
>
> **갈등을 신중히 다루는 공동체가 세상에 어떤 영향을 끼칠 수 있을까요?**
> ① '교회도 별수 없네!' 이 비난을 막아준다.
> ② 세상 사람들에게 화해와 용서의 본이 된다.
> ③ 교회 공동체의 신뢰와 결속이 더 깊어진다.
> ④ 세상 사람들에게 건강한 소통의 문화를 제시한다.
> ⑤ 교회를 성숙한 공동체로 보게 한다.
> ⑥ 세상 사람들에게 아름답게 비춰질 수 있다.

6. 기도와 물질로 함께 하는 믿음의 동역(Prayer and Resources)

하나님 나라의 사역이 꼭 현장에서 직접 움직이는 사람들만으로 이루어지는 것은 아닙니다. 건강이나 환경, 직장의 여건 등으로 인해서 직접 참여하지 못하는 이들도 있을 수 있습니다. 그러나 이들도 하나님의 나라와 무관하지 않습니다. 기도는 보이지 않지만 강력한 하나님 나라 동역의 수단으로서, 현장에서 몸으로 헌신하는 동료 사역자들에게 힘을 실어주는 영적 무기입니다. 또한 물질로 섬기는 이들의 헌신도 복음이 세상 끝까지 전해지는 데 도움을 주는 실제적인 통로가 됩니다. 빌립보 교회는 바울에게 반복적으로 후원함으로써 복음 전파의 강력한 동역자가 되었습니다.

이처럼 기도와 물질로 함께하는 이들은 복음의 전선에 나간 동역자들과 동일한 사명을 감당하는 자들입니다. 하나님은 그들의 헌신을 기억하시고, 하나님 나라를 세우는 일에 그 헌신을 귀하게 사용하십니다. 사람들은 드러나는 사역에만 주목하지만, 하나님은 그렇지 않습니다. 하나님은 보이지 않는 동역도 귀하게 보시는 분입니다. 기도와 후원으로 참여하는 믿음의 동역은 세상 속에 하나님의 나라가 확장되는 데 있어서 없어서는 안 될 은혜의 연결고리입니다. "하나님은 불의하지 아니하사 너희 행위와 그의 이름을 위하여 나타낸 사랑으로 이미 성도를 섬긴 것과 이제도 섬기고 있는 것을 잊어버리지 아니하시느니라"(히 6:10).

함께 나누어요 ❻

나는 지금 어떤 방식으로 하나님 나라 사역에 동참하고 있나요?

① 사역자들과 선교지를 기억하면서 자주 기도한다.

② 정기적으로 물질로 후원하며 동역하고 있다.

③ 크게 돕지는 못하지만, 작은 도움을 간간이 베풀고 있다.

④ 직접 나서지는 못하지만, 마음은 항상 함께하고 있다.

⑤ 요즘 바빠서 신경 쓰지 못했는데, 다시 기도를 시작하고 싶다.

⑥ 솔직히 내가 할 수 있는 게 뭐가 있을까, 고민이 된다.

7. 믿음의 동역, 하나님 나라 사명을 위한 공동 헌신 (Corporate Commitment)

믿음의 동역은 마음이 맞는 사람들끼리 모여서 함께 일하는 것, 그 이상입니다. 믿음의 동역은 '하나님 나라'라는 원대한 목표를 이루어가는 신앙 공동체의 공동 헌신입니다. 하나님의 부르심은 하나의 사명을 지향하고 있습니다. 그 사명은 세상 속에 하나님의 나라를 드러내는 것입니다. 하나님의 나라를 세워가는 일은 특정한 몇 사람들의 열정만으로 가능하지 않고, 공동체 전체의 결단을 필요로 합니다. 그래서 동역자는 '함께 일하는 사람'이기 전에 '같은 비전을 품은 사람'이어야 합니다.

신앙 공동체의 모든 구성원들이 사명을 목적으로 동역할 때, 세상은 그 안에서 하나님의 나라가 어떻게 운영되는지를 보게 됩니다. 사명을 향한 공동의 헌신이 있을 때, 비로소 복음은 지역을 넘고 문화를 넘어서 사방으로 뻗어나가게 됩니다. 하나님은 믿음의 공동체를 당신의 도구로 쓰시면서 이 땅 위에 당신의 나라를 견고히 세워가시는 분입니다. "우리는 하나님의 동역자들이요 너희는 하나님의 밭이요 하나님의 집이니라"(고전 3:9).

함께 나누어요 ❼

나는 공동체 안에서 '사명을 이루는 동역자'로서 어떤 태도를 가지고 있나요?
① 함께 일하는 것 자체가 좋아서 일단 열심히 참여하고 본다.
② 분위기가 좋고 사람들도 좋아서 잘 어울리는 편이다.
③ 교회가 추구하는 방향을 분명히 이해하면서 동참하려고 한다.
④ 내가 맡은 역할에 최선을 다하려고 한다.
⑤ 사명이라는 말이 아직은 부담스럽게 느껴진다.
⑥ 교회의 비전과 사명을 다른 이들과 공유하면서 멋진 동역자로 쓰임 받고 싶다.

함께 나누어요 ❽

신앙인들은 '혼자가 아니라 누군가와 함께' 믿음의 여정을 걸어가는 사람들

입니다. 나와 믿음의 여정을 함께 걷는 사람들에 누가 있는지를 돌아보시기
바랍니다.

지금까지 "믿음의 동역"이라는 주제로 성경 공부를 하였습니다. 성경 공부를 통해서 깨달은 점이나 마음에 남은 은혜나 새롭게 얻은 통찰을 간단하게 적어 보시기 바랍니다. 이 기록이 앞으로 하나님과 함께 걸어갈 믿음의 여정을 새롭게 준비하는 소중한 흔적이 될 것입니다.

예시

성경 공부를 통해서 믿음의 여정은 혼자가 아닌, 함께 걸어가는 길임을 깨닫게 되었습니다. 하나님께서 각자에게 주신 은사와 환경이 다르지만, '하나님의 나라'라는 목표를 향해서 함께 손잡고 나아갈 때 큰 힘이 된다는 사실이 깊은 감동으로 다가왔습니다. 특별히 갈등마저도 하나님께서 사용하신다는 말씀은 공동체 안에 갈등이 있더라도 포기하지 않고 끝까지 동역자로 존재해야 할 이유를 일깨워주었습니다. 나 또한 누군가의 든든한 동역자가 되기를 바라며, 맡겨진 자리에서 신실하게 헌신하고 싶습니다.

믿음의 영향

9과. 믿음의 영향

9과. 믿음의 영향

1. 믿음이 삶의 목적을 바꾸는 힘이 됨을 알게 한다.
2. 믿음으로 인해 거룩한 삶에 대한 갈망이 생김을 알도록 한다.
3. 신앙생활에서 우선순위와 성품이 바뀌는 과정을 이해하도록 한다.
4. 믿음을 귀하게 여기면서 기도와 소망의 태도를 지켜갈 것을 결단하도록 한다.

살아있는 믿음은 삶 속에서 구체적인 변화를 만들어 냅니다. 믿음은 성도의 내면과 함께 태도와 말과 행동에까지 영향을 미치는 살아있는 가치입니다. 이유는 믿음을 가진 이가 이전과 다른 목적을 가지고, 새로운 삶의 방향을 추구하면서 살아가기 때문입니다. 믿음은 삶의 우선순위를 바꾸고, 고난 가운데서도 기쁨과 감사의 이유를 발견하게 합니다. 이렇듯 믿음은 성도의 삶 전반에 영향을 미칩니다. 따라서 참된 믿음을 가진 성도는 삶으로 그 믿음의 열매를 드러내면서, 날마다 하나님 나라를 향해서 나아가는 사람입니다. "13 형제들아 나는 아직 내가 잡은 줄로 여기지 아니하고 오직 한 일 즉 뒤에 있는 것은 잊어버리고 앞에 있는 것을 잡으려고 14 푯대를 향하여 그리스도 예수 안에서 하나님이 위에서 부르신 부름의 상을 위하여 달려가노라"(빌 3:13-14).

[들어가면서]

어릴 적 집 앞의 공터에 커다란 나무가 있었습니다. 여름철 저녁 무렵이 되면 그 나무가 만드는 그늘 덕분에 동네 사람들이 모여서 쉬곤 했습니다. 지나가는 사람들도 나무 밑에서 잠시 땀을 식히고, 아이들도 그 주변에서 뛰어놀았습니다. 나무의 존재 자체가 새로운 환경을 만들면서, 사람들에게 시원한 그늘과 안식을 주었습니다.

믿음도 이와 같습니다. 진정한 믿음을 가진 사람은 일부러 드러내지 않아도, 말과 행동, 태도가 달라집니다. 믿음이 그의 삶에 영향을 끼치기 때문입니다. 나아가서 이 믿음은 사람들 사이에서 갈등의 온도를 낮추는 영향력을 낳습니다. 낙심한 이에게 다시 일어설 힘을 건네는 영향력도 그의 몫입니다. 우리의 삶이 나의 믿음을 사랑과 섬김과 건강한 영향력으로 드러내면서, 누군가에게 쉼과 평안과 소망을 건네는 복된 삶이 되기를 소망합니다.

1. 삶의 목적이 달라짐(to Have a Changed Purpose in Life)

믿음은 성도의 삶 전체에 영향력을 행사합니다. 따라서 믿음으로 인해서 그의 삶의 목적이 달라집니다. 예전에는 세상의 인정과 성공을 삶의 목적에 두었다면, 이제는 하나님을 기쁘시게 하는 것에 목적을 두고 살아갑니다. 이전에는 내가 원하는 것을 이루기 위해서 살았다면, 이제는 하나님의 뜻을 따르는 것에 목적을 두고 살아갑니다. 믿음이 성도의 삶의 기준을 바꾸면서, 영원한 것을 바라보게 만들었기 때문입니다. 믿음은 성도의 중심을 '자기 자신'에서 '하나님'으로 옮기는 변곡점이 됩니다.

또한 믿음은 성도로 하여금 하나님의 시선을 가지고 인생을 다시 해석하게 합니다. 이전에는 내 만족이 중요했다면, 이제는 이웃을 세우고 하나님 나라를 이루는 삶에 의미를 둡니다. 이처럼 믿음은 성도의 삶을 목적이 있는 인생으로, 거룩한 가치를 추구하고 의미를 찾는 인생으로 바꾸어갑니다. "그런즉 우리는 몸으로 있든지 떠나든지 주를 기쁘시게 하는 자가 되기를 힘쓰노라"(고후 5:9).

믿음이 내 안에 심기어진 후에 나의 삶의 목적이 어떻게 달라졌나요?

① 여전히 나의 성공과 만족이 가장 중요하다고 생각한다.

② 예전보다는 덜하지만, 아직도 세상의 기준에 더 마음이 가 있는 것
  같다.

③ 하나님의 뜻을 따르고 싶지만, 흔들릴 때가 많다.

④ 이제는 하나님을 기쁘시게 하는 삶을 가장 중요한 목적으로 삼고 있다.

⑤ 이웃을 돕고 하나님 나라를 위해서 사는 것이 의미 있게 느껴진다.

⑥ 지금 나의 삶의 방향이 하나님 중심으로 바뀌고 있다는 것을 느끼고
  있다.

2. 거룩한 삶을 향해서 갈망이 생김(Holy Life)

믿음은 성도의 마음에 거룩을 향한 열망을 불어넣습니다. 이것이 믿음이 성도에게 끼치는 영향입니다. 이전에는 죄에 대해서 무감각했지만, 이제는 죄에 민감해지면서 멀어지고 싶어합니다. 죄를 더 이상 즐거움의 대상이 아니라, 버려야 할 대상으로 생각하도록 만듭니다. 신앙인들의 가슴 속에 의롭고 깨끗한 삶을 사모하면서 살고 싶은 마음이 생겨나게끔 만듭니다. 이처럼 믿음은 외적인 행동뿐 아니라 마음과 동기까지 변화시키는 힘을 갖습니다. 이런 점에서 봤을 때 믿음으로 생겨나는 거룩에 대한 열망은 단순히 규칙을 지키는 것을 뛰어넘어서, 하나님과 더 가까워지려는 믿음의 표현입니다. 믿음이 윤리적으로 완벽한 사람이 되도록 하는 것은 아니지만, 성도로 하여금 거룩을 향해서 나아가게끔 새로운 갈망을 심어주는 것은 틀림없는 사실입니다.

거룩에 대한 갈망은 하나님을 더 알고자 하는 열정으로 표현됩니다. 이 갈망이 말씀과 기도, 회개와 화해, 정직과 절제 같은 일상의 선택들로 구체화되어서, 어제의 나보다 오늘 한 걸음 더 주님께 가까이 다가가게 합니다. 때로 넘어질지라도 믿음은 다시 일어나 거룩의 은혜 가운데로 나아가게 하며, 실패조차 성숙의 자료로 바꿉니다. 성도에게 거룩은 완벽함의 성취가 아니

라, 주님께 가까이 가고자 방향을 바로잡는 믿음의 여정입니다. "내가 주께 범죄하지 아니하려 하여 주의 말씀을 내 마음에 두었나이다"(시 119:11).

3. 삶의 우선순위가 바뀜(Priorities Change)

믿음은 성도의 삶의 우선순위를 새롭게 정렬하게 만듭니다. 이것이 믿음이 성도에게 끼치는 영향입니다. 이전에는 자신의 만족과 성공을 위해서 시간을 썼다면, 이제는 하나님을 예배하고 섬기는 일에 나의 몸과 시간을 기꺼이 드립니다. 주일 성수를 소중히 여기고, 예배를 중심으로 삶을 계획하게 만듭니다. 물질에 대한 태도도 바뀌어서, 소유보다 나눔에 더 가치를 둡니다. 일터에서도 정직함과 책임감이라는 신앙적 가치를 중요하게 여기면서 할당된 일을 감당합니다. 우선순위가 바뀌었기 때문입니다. 우리 신앙인들은 예전과 달리 나의 시간과 에너지를 공동체를 위한 봉사와 섬김에 기꺼이 사용할 줄 아는 사람들입니다.

무엇보다도 믿음으로 인해서 하나님의 뜻을 먼저 묻는 태도가 생깁니다. 삶의 중요한 결정을 내릴 때마다, 기도하면서 하나님의 인도하심을 구합니다. 믿음이 삶의 중심을 '나'에서 '하나님'으로 바꾸면서, 그에 따라 선택의 기준도 달라지게 만들었기 때문입니다. 믿음이 '나의 만족' 중심이던 삶의 우선순위를 '하나님을 예배하고 이웃을 사랑하는 방향'으로 우선순위를 재배열했기 때문입니다. 이러한 우선순위의 변화로 인해서, 성도는 일상에서 하나님 나라를 드러내는 증인으로 살아갈 수 있습니다. "그런즉 너희는 먼저 그의 나라와 그의 의를 구하라 그리하면 이 모든 것을 너희에게 더하시리라"(마 6:33).

중요한 결정을 앞두었을 때, 나는 보통 어떻게 반응하나요?

① 지금까지의 경험을 살려서 치밀하게 계획부터 세운다.

② 주변 사람들의 조언을 먼저 듣는다.

③ 인터넷 검색으로 방향성을 잡는다.

④ 상황이 이끄는 대로 나아가려고 한다.

⑤ 그저 마음 가는 대로 한다.

⑥ 기도하면서 먼저 하나님의 뜻을 구한다.

4. 성품이 변화됨(Change of Character)

믿음은 신자의 삶 전체를 변화시키는 힘입니다. 따라서 하나님을 믿는 사람은 점점 더 온유하고 부드러운 사람이 되어갑니다. 자기중심적인 태도에서 벗어나 타인을 배려하고 존중하는 태도를 갖춥니다. 상황이 어렵더라도 인내하면서, 쉽게 분노의 감정을 드러내지 않습니다. 믿음은 성도를 진실하고 정직한 사람으로 다듬어 가는 귀한 영적 가치입니다.

하나님은 겉모습보다 중심의 성결함을 더 중요하게 여기시는 분입니다. 이 하나님 지식을 가슴에 품기에, 믿음의 사람은 자신의 실수와 약함을 겸허하게 인정합니다. 그러면서 겸손한 성품을 키워갑니다. 사람과의 관계에도 변화가 생겨서, 그 사람을 함부로 판단하고 정죄하지 않습니다. 말과 행동에서 점점 더 신중함과 책임감이 묻어납니다. 믿음은 '이전의 나'를 내려놓고 하나님의 성품을 닮아가도록 성도를 빚어가는 강력한 기제입니다. 이 모든 것들이 믿음이 성도에게 끼치는 영향의 결과입니다. "겸손과 여호와를 경외함의 보상은 재물과 영광과 생명이니라"(잠 22:4).

요즘 내가 많이 훈련받고 있다고 느끼는 성품은 무엇인가요?
　① 쉽게 화내지 않기 - 온유
　② 참을성 있게 기다리기 - 인내
　③ 솔직하게 말하고 행동하기 - 정직
　④ 다른 사람의 입장을 헤아리기 - 배려
　⑤ 틀렸을 때 사과하기 - 겸손
　⑥ 책임을 미루지 않기 - 책임감

5. 감사와 기쁨의 삶을 살게 됨(Thanksgiving and Joy)

　믿음은 삶의 모든 순간에서 감사의 이유를 발견하게 합니다. 이것이 믿음이 성도에게 끼치는 영향입니다. 좋은 일이 있을 때는 그 일을 하나님의 은혜로 여기고, 어려운 일이 있을 때는 참아내면서 하나님의 일하심을 기대합니다. 불평 대신 감사가 입에 더 자주 오르내리고, 그 심령 가운데 원망보다 하나님을 향한 신뢰가 커집니다. 믿음이 눈에 보이는 당장의 현실보다, 그 이면에 계신 하나님을 바라보게끔 만들기 때문입니다. 이런 이유 때문에 성도의 심령 가운데 상황이 힘들어도 설명할 수 없는 평안과 기쁨이 깊게 자리하게 됩니다. '작은 일에도 감동하고, 평범한 일상에서도 은혜를 발견할 수 있는 것!' 이것은 분명한 믿음의 영향입니다.

　성도에게 감사와 기쁨은 '하나님은 선하시다'는 믿음에 근거한 의지적인 선택입니다. 이 선택이 누적될수록 현실의 여러 결핍 속에서 은혜가 먼저 보이고, 우리의 말과 관계 속에 위로와 찬양의 문화가 깊게 뿌리를 내립니다.

"17 비록 무화과나무가 무성하지 못하며 포도나무에 열매가 없으며 감람나무에 소출이 없으며 밭에 먹을 것이 없으며 우리에 양이 없으며 외양간에 소가 없을지라도 18 나는 여호와로 말미암아 즐거워하며 나의 구원의 하나님으로 말미암아 기뻐하리로다"(합 3:17-18).

요즘 나의 감사 습관은 어떤가요?
① 잘 되면 당연한 것이고, 안 되면 불평한다.
② 기분 좋을 때 감사가 절로 나온다.
③ '감사해야지' 하면서도 자주 잊는다.
④ 하루에 한 번은 감사 제목을 떠올리려고 노력한다.
⑤ 자주 감사 일기를 쓰거나 나눈다.
⑥ 어떤 상황에서도 하나님의 은혜를 먼저 떠올린다.

6. 기도에 갈급함이 생김(Thirst for Prayer)

믿음은 성도로 하여금 하나님과 더욱 깊은 관계를 맺고 싶다는 마음을 갖게 합니다. 이것도 믿음이 성도에게 끼치는 영향입니다. 기도를 통해서 하나님의 뜻이 무엇인지를 알고 싶고, 그분의 음성에 귀 기울이고 싶은 갈망이 마음 깊은 곳에 생겨납니다. 그래서 이전에는 잘하지 않던 기도에 자연스럽게 마음이 열립니다. 성도에게 기도가 하나님과 깊은 교제를 누리도록 하는 영적 호흡이 된 것입니다. 믿음이 자랄수록, 성도는 기도 없이는 살 수 없다는 영적 감각을 키워가면서 매일을 살아가게 됩니다.

갈급해하면서, 성도는 삶의 크고 작은 결정 앞에서 기도하며 하나님의 인도하심을 구하게 됩니다. 감사할 일이 생겼을 때 먼저 하나님께 말하고 싶어집니다. 이처럼 성도에게 기도는 점점 더 '문제 해결'을 넘어서, '하나님을 만나는 자리'로 바꾸어갑니다. 기도가 하나님의 마음에 동의하면서 그분의 뜻에 순종하도록 성도를 빚어가는 은혜의 장이 된 것입니다. 하나님과의 이 은밀한 교제의 시간이 성도의 판단 기준과 정서를 새롭게 합니다. 매일의 걸음에서 성령의 인도하심을 분별하도록 해 줍니다. 이웃을 위해서 중보기도를 하는 사람으로 살아가게끔 해 줍니다.

'기도를 부담이 아니라 특권으로 여기면서 나의 일상을 하나님의 임재로 만들어가는 것!' 이것이 믿음의 영향입니다. "너희가 온 마음으로 나를 구하면 나를 찾을 것이요 나를 만나리라"(렘 29:13).

요즘 나의 기도 습관을 가장 잘 설명하는 말은 무엇인가요?
① 너무 바빠서 기도가 뒤로 밀린다.
② 위기 상황이 올 때만 간절히 기도하게 된다.
③ 정해진 시간에 짧게라도 기도하려고 한다.
④ 하나님께 이야기하지 않으면 마음이 불편하다.
⑤ 기도할 때마다 마음이 평안해진다.
⑥ 기도는 이제 나의 일상 루틴 중 하나다.

7. 소망을 잃지 않음(Not to Lose Hope)

믿음은 현실의 고통과 한계를 뛰어넘으면서, 영원한 하나님 나라를 바라보게 합니다. 믿음으로 인해서 세상이 줄 수 없는 소망이 성도의 마음 깊은 곳에 자리를 잡습니다. 상황이 어두워도, 하나님의 약속을 신뢰하며 낙심하지 않습니다. 믿음이 성도에게 고난 중에도 '이 또한 지나갈 것'이라는 확신을 심어주기 때문입니다. '눈앞의 결과에 지나치게 얽매이지 않고 약속하신 새 하늘과 새 땅을 소망하며, 오늘의 자리를 성실로 채워가는 것!' 이것이 믿음의 영향입니다.

믿음으로 인해서 성도는 눈앞의 문제에 함몰되어 있지 않고, 하나님이 이루실 큰 그림을 기대할 수 있습니다. 눈물 가운데서도 소망을 놓지 않게 하는 보이지 않는 힘이 믿음에서 나옵니다. 실패와 곤경 앞에서 절망하는 것이 아니라, '하나님의 시간표'를 기다릴 수 있는 여유를 갖게 합니다. 이처럼 믿음은 절망의 한복판에서도 희망을 노래할 수 있는 사람으로 성도를 빚어갑니다. "생각하건대 현재의 고난은 장차 우리에게 나타날 영광과 비교할 수 없도다"(롬 8:18).

함께 나누어요 ❼

소망을 잃지 않도록 나를 붙들어주는 것에 무엇이 있을까요?
① 선천적으로 타고난 긍정적인 성격
② 주변의 격려와 위로
③ 과거에 대한 좋은 기억
④ 하나님의 약속에 대한 신뢰
⑤ 고난 속에서 자라난 믿음
⑥ 하나님 나라에 대한 분명한 확신

함께 나누어요 ❽

평소에 나의 믿음이 가정에서 식구들과의 관계를, 교회에서 믿음의 동료들과의 관계를, 그리고 직장에서 동료들과의 관계를 어떻게 끌어가는지를 돌아보시기 바랍니다.

지금까지 "믿음의 영향"이라는 주제로 성경 공부를 하였습니다. 성경 공부를 통해서 깨달은 점이나 마음에 남은 은혜나 새롭게 얻은 통찰을 간단하게 적어 보시기 바랍니다. 이 기록이 앞으로 하나님과 함께 걸어갈 믿음의 여정을 새롭게 준비하는 소중한 흔적이 될 것입니다.

예시

믿음은 삶 전체를 변화시키는 영향력을 갖습니다. 일상의 선택과 말과 다른 이들과의 관계 등, 여러 가지 것들에 나의 믿음이 실질적인 영향을 준다는 것을 되돌아보게 되었고, 특별히 우선순위와 기도 습관의 변화가 제 안에서 더욱 분명해졌습니다. 그리고 고난 중에도 소망을 잃지 않고 감사와 기쁨을 선택할 수 있는 힘이 믿음에서 온다는 사실이 가슴 깊이 다가왔습니다. 앞으로도 이 믿음의 영향력을 삶 속에서 건강하게 드러내면서 살아가고 싶습니다.

믿음의 헌신

10과. 믿음의 헌신

1. 헌신, 하나님의 은혜에 대한 자연스러운 반응
2. 헌신, 하나님과 사람을 향한 사랑으로 나타남
3. 헌신, 작은 일상에서부터 시작됨
4. 헌신, 믿음의 성숙을 이끄는 통로
5. 헌신, 세상과 구별된 삶을 선택하는 결단
6. 헌신, 끝까지 충성하는 태도에서 완성됨
7. 헌신, 손해가 아니라 가장 복된 투자

10과. 믿음의 헌신

참된 믿음은 마음의 감동에서 멈추지 않고, 삶의 태도와 선택으로 이어집니다. 따라서 하나님의 은혜를 깊이 깨달은 성도는 자연스럽게 헌신의 자리를 찾게 됩니다. 믿음은 성도로 하여금 헌신을 낳게 하며, 헌신을 위해서 삶의 방향성을 새롭게 정렬하도록 합니다. 헌신은 반드시 거창할 필요가 없습니다. '일상 속의 작은 사랑의 실천에서도 시작될 수 있는 것!' 이것이 헌신입니다. 살아있는 믿음은 구체적인 헌신으로 이어지는데, 이 헌신이 하나님께 올려드리는 신자의 감사의 응답이 됩니다.

[들어가면서]

예전에 친구가 결혼식 준비를 하는데, 예산이 빠듯했지만 부모님을 위해서 특별한 자리를 마련하고 싶어 했습니다. 그래서 매일 조금씩 커피값을 아끼고, 불필요한 지출을 줄이면서 몇 달 동안 돈을 모았다고 합니다. 결혼식 날, 그 친구가 부모님께 지금까지 키워주신 것에 감사의 마음을 표하면서 여행권을 선물로 드렸을 때 부모님이 눈시울을 붉히는 것을 보았습니다. 그 모습을 보면서 '헌신이란 거창한 것이 아니구나! 누군가를 사랑하기 때문에 기꺼이 나의 것을 드리는 거구나!' 이런 생각을 갖게 되었습니다.

믿음의 헌신도 그렇습니다. 하나님의 은혜를 깊이 알게 되면, 내 시간과 마음과 에너지를 하나님께 기꺼이 드리고 싶어집니다. 작은 일상 속에서의 선택, 누군가를 위한 조용한 수고 등, 이러한 것들이 하나님께 올려드리는 헌신입니다. 우리 신앙인들에게 이 헌신은 우리의 믿음을 더 성숙하게 자라게 하는 동력이 됩니다.

1. 헌신, 하나님의 은혜에 대한 자연스러운 반응(God's Grace)

하나님의 은혜는 성도로 하여금 삶의 태도를 새롭게 하는데, 그 태도의 앞자리에 헌신이 자리합니다. 헌신은 '해야 한다'는 의무감이 아니라 '하고 싶다'는 마음에서 비롯됩니다. 구원의 은총을 베풀어주신 하나님의 은혜를 깊이 깨달은 사람은 기꺼이 자신을 하나님께 드립니다. 그 은혜를 자신의 삶 전체로 감사로 표현하고자 합니다. 이러한 하나님의 은혜에 대한 자각이 작은 일에도 최선을 다하고자 하는 열심으로 이어집니다. 나아가서 이 은혜에 대한 자각이 자기중심적인 욕망을 내려놓고 하나님의 영광과 공동체의 유익을 먼저 선택하는 의지적인 결단으로 이어집니다.

헌신은 하나님의 은혜에 빚진 자라는 자각 때문에 생겨나는, 신앙인들의 자연스러운 삶의 태도이자, 살아있는 신앙고백입니다. 헌신은 하나님의 은혜를 매일 갱신하면서 기억케 하는 결단으로서, 그 결단이 나의 시간과 재능과 재정의 방향을 재배열합니다. 나아가서 보이지 않는 자리에서 성실과 정직을 선택하게 합니다. 구체적으로 성도의 헌신은 신앙 공동체 안에서 서로 격려하고 짐을 나누는 사랑으로 표현됩니다. 헌신은 우리 신앙인들의 일상을 하나님께 올려 드리는 산 제사로 바꾸는 힘을 갖습니다. "내게 주신 모든 은혜를 내가 여호와께 무엇으로 보답할까"(시 116:12).

헌신이 '해야 한다'가 아니라 '하고 싶다'로 바뀌는 순간, 주로 어떤 반응이 나올까요?

2. 헌신, 하나님과 사람을 향한 사랑으로 나타남(to Be revealed in Love)

헌신은 '온 마음과 뜻과 힘을 다해서 하나님을 사랑하는 것'으로 표현되는데, 그 첫 번째 자리에 '예배'가 있습니다. 헌신하고자 하는 성도의 마음가짐은 예배를 소중히 여기는 태도로 드러납니다. 예배를 드리면서 성도는 하나님의 사랑과 은혜를 다시금 깨닫고, 그분께 삶 전체를 드리겠다는 결단을 새롭게 합니다. 주일 예배 시간에 받은 은혜가 월요일부터 시작되는 한 주간의 삶의 자리에서 또 다른 형태의 헌신이 될 때, 그 헌신은 하나님 나라를 삶 속에서 실천해 나가는 구체적인 발걸음이 됩니다.

또한 헌신은 '사람을 향한 사랑'으로도 표현됩니다. 주변 사람들의 필요를 보고 외면하지 않습니다. 주변에 있는 이들의 어려움을 현실적으로 돕는 사랑으로 헌신을 완성시킵니다. 기꺼이 연약한 자를 돌아보고, 슬퍼하는 자를 위로하며, 기도와 물질로 섬길 줄 압니다.

이처럼 헌신은 하나님과 사람 모두를 향해서 사랑의 두 날개로 날아오르는 믿음의 삶입니다. 헌신은 매일의 시간과 지갑과 발걸음이 사랑을 향해서 재배열되는 습관입니다. 오늘 내 곁의 한 사람을 위해서 시간을 내면서 실제적인 도움을 베풀 때, 그 작은 사랑으로 인해서 하나님 나라의 질서가 이 땅에 가시적으로 세워집니다. "37 예수께서 이르시되 네 마음을 다하고 목숨을 다하고 뜻을 다하여 주 너의 하나님을 사랑하라 하셨으니 38 이것이 크고 첫

째 되는 계명이요 39 둘째도 그와 같으니 네 이웃을 네 자신 같이 사랑하라 하셨으니 40 이 두 계명이 온 율법과 선지자의 강령이니라"(마 22:37-40).

'하나님 사랑과 사람 사랑으로 나타나는 믿음의 헌신!' 두 날개의 균형이 깨질 때 나타나는 모습에 무엇이 있을까요?

① 예배는 열심이지만 사람은 외면한다.

② 사람은 잘 돌보지만 예배는 가볍게 여긴다.

③ 믿음이 한쪽으로만 편향이 되면서, 성숙한 믿음으로 자라가기 힘들어진다.

④ 건강하고 균형 잡힌 사랑의 실천에서 점점 멀어져 간다.

⑤ 복음의 본질이 희석화되고 세속화 될 수 있다.

⑥ 편중된 사랑으로 인해서 정죄하는 분위기가 커지면서, 공동체 전체가 상처를 받게 된다.

3. 헌신, 작은 일상에서부터 시작됨(Small Daily Life)

하나님께 드리는 헌신이 성도에게 평범한 일상이 되는 것이 맞습니다. 하나님을 생각하는 마음을 가지고 지금 있는 자리에서 맡은 일에 최선을 다하는 것이 헌신입니다. 말 한마디, 행동 하나에도 하나님을 향한 마음을 담아낼 수 있습니다. 특별한 자리가 아니어도, 일상의 순간들이 하나님께 올려드리는 예배가 될 수 있습니다. 작은 성실과 한 줌의 배려가 가정과 일터의 분위기를 바꾸고, 그곳에 하나님 나라가 자리하도록 만듭니다.

가정에서는 가족을 사랑하고 섬기는 행동이 하나님께 올려드리는 헌신의 내용입니다. 직장에서 맡은 일을 성실히 감당하는 것 역시 하나님께서 주신 사명을 이루는 헌신의 내용입니다. 교회 안에서 눈에 띄지 않는 봉사를 묵묵히 감당하는 것 또한 훌륭한 헌신의 내용입니다.

헌신은 일상에서 누군가에게 말 한마디를 친절하게 하고, 상대를 존중하는 태도로 완성됩니다. 매일의 선택 속에서 하나님 뜻을 먼저 묻는 습관이 쌓여가면서 헌신도 깊어져 갑니다. 반복하건대, 헌신은 오늘의 평범한 자리에서 하나님의 뜻을 이루어드리는 믿음의 습관입니다. "그 주인이 이르되 잘하였도다 착하고 충성된 종아 네가 적은 일에 충성하였으매 내가 많은 것을 네게 맡기리니 네 주인의 즐거움에 참여할지어다 하고"(마 25:21).

함께 나누어요 ❸

앞으로 일상에서 더 의식적으로 실천하고 싶은 '작은 헌신'에 무엇이 있을까요?

① 가족에게 더 자주 감사 표현하기

② 직장에서 맡은 일 미루지 않기

③ 교회 봉사에 꾸준히 참여하기

④ 나의 말투와 태도에 더 신경 쓰기

⑤ 무언가를 선택하기 전에 먼저 기도하기

⑥ 머무는 자리에서 작은 선행을 습관화하기

4. 헌신, 믿음의 성숙을 이끄는 통로(Maturity of Faith)

성도의 믿음은 삶 속에서 실천될 때 더 깊어지고 성숙해집니다. 작은 헌신을 꾸준히 이어갈 때, 그 사람의 믿음이 견고해집니다. 하나님은 성도의 헌신을 보시면서 그를 온전한 믿음의 사람으로 빚어가십니다. 나아가서 헌신 중에 겪는 어려움도 믿음을 성숙하게 만드는 기제가 됩니다. 헌신은 여러 모양에서 성도로 하여금 하나님을 더 깊이 의지하게 만드는 통로입니다. 삶의 자리에서 다양하게 올려드리는 헌신이 성도의 영적 뿌리를 하나님께 깊게 내리게 합니다.

꾸준하게 헌신하면서 성도는 하나님의 성품을 배워나갑니다. 믿음이 성숙해질수록 헌신은 부담이 아니라 기쁨이 됩니다. 하나님과 동행하는 믿음의 길을 걸어감에 있어서, 헌신은 믿음을 실험하고 확증하는 배움터입니다. 결론적으로 헌신의 자리는 성도를 점점 하나님을 닮아가게 하는 믿음의 훈련장이라고 이야기할 수 있습니다. "우리가 선을 행하되 낙심하지 말지니 포기하지 아니하면 때가 이르매 거두리라"(갈 6:9).

헌신하는 중에 어려움을 겪을 때, 주로 어떻게 반응하나요?
① 잠시 멈추고 쉬어간다.
② 하나님께 더 기도한다.
③ 낙심은 되지만 다시 일어난다.
④ 주변 사람들의 위로를 구한다.
⑤ 끝까지 버티며 감당한다.
⑥ 포기하고 싶지만 오래 참고 버틴다.

5. 헌신, 세상과 구별된 삶을 선택하는 결단
(Life Distinct from the World)

헌신은 삶의 방향을 하나님께 드리는 의지적인 선택입니다. 세상 속에서 빛과 소금으로 살아가겠다는 마음의 태도가 바로 헌신의 시작입니다. 구별된 삶을 선택한다는 것은 손해와 불편을 감수하겠다는 결단입니다. 하지만 이 결단은 '잃음'이 아니라 더 큰 선을 창출하는 '지혜'로 이어집니다. 작은 불편을 감수한 매일의 선택들이 쌓여서 성도의 성품을 빚고, 공동체 안에 신뢰와 생명을 낳습니다. 구별된 삶은 세상을 등지는 도피가 아니라, 세상 한복판에 '거룩'을 드러내면서 하나님 나라의 가치를 세우는 믿음의 여정입니다.

성도에게 구별된 삶이 가치가 있는 이유는 세상에서 인정받는 것보다 하나님께 인정받는 것이 더 소중하기 때문입니다. 하나님은 구별된 삶을 살아가는 성도를 하나님 나라의 일꾼으로 삼아주십니다. 그렇기에 성도는 세상의 평가가 요동을 칠 때에도, 끝까지 구별의 가치를 움켜잡습니다. 성도에게 헌신은 세상과 다른 방향을 향해서 걸어가기로 한 굳건한 믿음의 결단입니다. "15 이 세상이나 세상에 있는 것들을 사랑하지 말라 누구든지 세상을 사랑하면 아버지의 사랑이 그 안에 있지 아니하니 16 이는 세상에 있는 모든 것이 육신의 정욕과 안목의 정욕과 이생의 자랑이니 다 아버지께로부터 온 것이 아니요 세상으로부터 온 것이라 17 이 세상도, 그 정욕도 지나가되 오직 하나님의 뜻을 행하는 자는 영원히 거하느니라"(요일 2:15-17).

함께 나누어요 ❺

구별된 삶을 살기로 결단할 때 가장 큰 어려움은 무엇인가요?

① 경제적인 손해

② 사람들의 시선과 평가

③ 친구들과 관계가 멀어지는 것

④ 내 마음속의 두려움

⑤ 더디게 맺혀지는 결과물

⑥ 주변의 유혹과 압박

6. 헌신, 끝까지 충성하는 태도에서 완성됨(Attitude of Faithfulness)

참된 헌신은 끝까지 충성하는 태도에서 완성됩니다. 헌신은 한순간의 열정으로 끝나지 않습니다. 매일의 삶으로 꾸준히 이어집니다. 참된 헌신은 보이지 않는 자리에서 반복되는 작은 순종으로 확인됩니다. 이 '오늘의 충성'이 쌓일수록 하나님 앞에서 신뢰가 자라고, 맡기신 사명을 끝까지 감당할 힘이 길러집니다. 하나님은 끝까지 충성하는 자에게 칭찬을 아끼지 않으십니다. 일관된 충성이 성도의 믿음을 더욱 견고하게 세워갑니다.

　　믿음의 길은 단거리 경주가 아니라 긴 거리를 완주하는 마라톤과 같습니다. 하나님은 작은 일에 끝까지 충성하는 사람을 귀하게 여기십니다. 중간에 포기하지 않고 끝까지 맡겨진 사명을 충성스럽게 감당하는 것이 헌신의 완성입니다. 헌신은 끝까지 충성하는 태도 속에서 그 의미가 마무리됩니다. "그리고 맡은 자들에게 구할 것은 충성이니라"(고전 4:2).

7. 헌신, 손해가 아니라 가장 복된 투자(the Most Blessed Investment)

　　세상은 헌신을 '시간과 에너지의 낭비'로 여기지만, 하나님은 그것을 '영원한 가치'로 인정해 주십니다. 하나님께 드린 헌신은 땅에 묻은 씨앗처럼 반드시 열매를 맺습니다. 당장은 손해처럼 보여도, 하나님은 그 헌신을 하늘의 상급으로 갚아주십니다. 하나님은 우리가 드린 수고와 눈물을 무가치하게 여기시는 분이 아닙니다. 반드시 기억하시면서, 세상에서 얻는 이익과 비교할 수 없는 하늘의 상급으로 갚아주십니다.

　　헌신은 나의 물질과 시간을 헛된 것에 낭비하는 것이 아니라, 영원한 곳에 쌓는 투자입니다. 세상은 계산으로 움직이지만, 성도는 하나님의 약속을 따라서 움직입니다. 그렇기에 신앙인들은 당장의 손익계산에 주목하지 말고 주님의 평가와 영원한 결산이 있음을 근원적으로 더 신뢰해야 합니다.

　오늘 심는 작은 순종과 섬김이 하늘 창고에 쌓여서 내일의 열매와 이웃의 생명으로 돌아옵니다. 성도에게 헌신은 가장 지혜롭고 복된 투자입니다. "그러므로 내 사랑하는 형제들아 견실하며 흔들리지 말고 항상 주의 일에 더욱 힘쓰는 자들이 되라 이는 너희 수고가 주 안에서 헛되지 않은 줄 앎이라"(고전 15:58).

하나님께 드리는 헌신을 '손해가 아니라 복된 투자'라고 믿을 때, 나의 삶에서 크게 달라질 부분은 무엇인가요?

　① 당장의 손해에 마음을 두지 않고 영원한 상급을 바라보게 된다.

　② 하나님이 기억하신다는 확신이 생기면서 끝까지 헌신을 포기하지 않게 된다.

　③ 헌신을 포기하고 싶은 순간에 다시 힘을 낸다.

　④ 세상의 기준보다 믿음의 기준을 더 우선시한다.

　⑤ 물질과 시간을 드리는 데 주저함이 줄어든다.

　⑥ 헌신을 삶의 우선순위에 두게 된다.

끝까지 충성하는 헌신을 위해서 오늘 내가 구체적으로 결단해야 할 한 가지가 있다면, 그것이 무엇인지를 생각해 보시기 바랍니다.

지금까지 "믿음의 헌신"이라는 주제로 성경 공부를 하였습니다. 성경 공부를 통해서 깨달은 점이나 마음에 남은 은혜나 새롭게 얻은 통찰을 간단하게 적어 보시기 바랍니다. 이 기록이 앞으로 하나님과 함께 걸어갈 믿음의 여정을 새롭게 준비하는 소중한 흔적이 될 것입니다.

예시

성경 공부를 통해서 헌신이 단순히 열심히 하는 것을 넘어서, 하나님의 은혜에 대한 믿음의 반응이라는 것을 깨달았습니다. 헌신은 특별한 일이 아니라, 일상 속에서 하나님을 향한 마음으로 드리는 작은 선택들이라는 사실에 마음의 울림이 있었습니다. 그리고 고난과 유혹 앞에서도 끝까지 충성하는 태도가 믿음을 성숙하게 한다는 말씀에 큰 도전을 받았습니다. 이제는 매일의 삶 속에서 하나님께 드릴 작은 헌신들을 찾고 실천하면서 살아가고 싶습니다.

참고도서

김균진. 『기독교 조직신학 IV』, 연세대학교출판부, 2002.

김균진. 『기독교 조직신학 V』, 연세대학교출판부, 2005.

김동건. 『모든 사람에게:김동건의 신학이야기』, 대한기독교서회, 2014.

김명용. 『죽음 이후에는 어떻게 될까?』, 온신학출판사, 2024.

김세윤. 『구원이란 무엇인가』, 두란노, 2003.

김세윤. 『복음이란 무엇인가』, 두란노, 2003.

김세윤. 『예수와 바울』, 두란노, 2003.

김지철. 『미명의 그리스도인』, 아드폰테스, 2015.

김지철. 『사랑은 언제나 옳다』, 두란노, 2017.

다니엘 레슬리 밀리오리, 신옥수 역. 『기독교 조직신학 개론:이해를 추구하는 신앙』, 새물결플러스, 2021.

레온하르트 고펠트, 박문재 역. 『신약신학』, 크리스챤다이제스트, 2007.

로버트 찰스 스프로울, 이제롬 역. 『인간은 과연 선한 존재인가?』, 생명의말씀사, 2025.

미하엘 벨커, 김회권 외. 『하나님의 형상으로 창조된 인간:영 인간학』, PCKbooks, 2022.

스탠리 제임스 그렌츠, 신옥수 역. 『조직신학:하나님의 공동체를 위한 신학』, 크리스챤다이제스트, 2003.

신옥수. 『이토록 따스한 성령님』, WPA, 2023.

안토니 앤드류 후크마, 류호준 역. 『개혁주의 구원론』, 기독교문서선교회, 2003.

안토니 앤드류 후크마, 류호준 역. 『개혁주의 인간론』, 기독교문서선교회, 1993.

안토니 앤드류 후크마, 류호준 역. 『개혁주의 종말론』, 기독교문서선교회, 1998.

알리스터 맥그라스, 김선일 역. 『복음주의와 기독교적 지성』, IVP, 2005.

알리스터 맥그라스, 김석원 역. 『생명으로 인도하는 다리』, 서로사랑, 2002.

알리스터 맥그라스, 김기철 역. 『신학이란 무엇인가:Reader』, 복있는사람, 2021.

윤철호. 『너희는 나를 누구라 하느냐』, 대한기독교서회, 2003.

윤철호. 『인간:인간의 본성과 운명에 관한 학제간 대화』, 새물결플러스, 2017.

이오갑. 『칼뱅의 인간』, 대한기독교서회, 2012.

정성욱. 『스피드 조직신학』, 홍성사, 2006.

제임스 이넬 패커, 손영배 역. 『은혜를 아는 지식』, 쉴만한물가, 2002.

제임스 이넬 패커, 정옥배 역. 『하나님을 아는 지식』, 한국기독학생회출판부, 2003.

조지 엘던 래드. 『신약신학』, 대한기독교서회, 2005.

존 머레이, 박문재 역. 『조직신학 Ⅱ』, 크리스챤다이제스트, 2001,

존 스토트, 정옥배 역. 『비교할 수 없는 그리스도』, IVP, 2003.

존 스토트, 한화룡 역. 『온전한 그리스도인』, IVP, 2014.

최윤배. 『개혁신학 입문』, 장로회신학대학교출판부, 2015.

최윤배. 『구원은 하나님 은혜의 선물』, 킹덤북스, 2016.

최윤배. 『조직신학 입문』, 장로회신학대학교출판부, 2013.

최윤배. 『깔뱅신학 입문』, 장로회신학대학교출판부, 2012.

케네스 보아, 이정곤 역. 『하나님, 그것이 알고 싶어요』, 기독교문화사, 1994.

클라이브 스테이플스 루이스, 장경철 역. 『순전한 기독교』, 홍성사, 2003.

테렌스 리로이 니콜스, 김연수 역. 『죽음과 죽음 이후:그리스도인의 위대한 희망, 죽음을 어떻게 대할 것인가?』, 샘솟는기쁨, 2024.

피터 젠센, 김재영 역. 『하나님의 계시』, IVP, 2008.

한스 요아힘 크라우스, 박재순 역. 『조직신학:하나님의 나라, 자유의 나라』, 한국신학연구소, 2000.

헤르만 바빙크, 박태현 역. 『개혁교의학 1』, 부흥과개혁사, 2011.

헤릿 코르넬리스 베르까우어, 이승구 역. 『개혁주의 교회론』, 기독교문서선교회, 2006.

Louis Berkhof. 『Systematic Theology』, Eerdmans Publishing, 1996.

함께 나누어요 - 정답

[1과]
1. 모두 답이 될 수 있음
2. 모두 답이 될 수 있음
3. 모두 답이 될 수 있음
4. 모두 답이 될 수 있음
5. 모두 답이 될 수 있음
6. 모두 답이 될 수 있음
7. 모두 답이 될 수 있음
8. 주관식 예시 답변 - "믿음이 약해 보이는 지체에게 '다음 주일에 같이 예배드릴 수 있을까요?'라고 물어보면서 먼저 다가가고 싶습니다. 예배 자리를 함께 지키는 것만으로도 그분께 큰 위로와 힘이 될 수 있다고 생각합니다."

[2과]
1. 모두 답이 될 수 있음
2. ③ ⑥
3. ③
4. ③
5. ③ ④ (나머지도 답이 될 수 있음)
6. ① ④ ⑤
7. ① ② (나머지도 답이 될 수 있음)
8. ① ② ③ ④ ⑤ (⑥번도 답이 될 수 있음)
9. 주관식 예시 답변 - "저는 이 말이 매우 현실적이라고 생각합니다. '거짓말을 하지 않기로 선택하는 것', '작은 이익을 포기하고 정직을 선택하는 것' 등, 일상의 사소한 선택에 나의 믿음이 드러난다고 생각합니다."

[3과]
1. 모두 답이 될 수 있음

2. 모두 답이 될 수 있음

3. 모두 답이 될 수 있음

4. 모두 답이 될 수 있음

5. 모두 답이 될 수 있음

6. ② ⑥ (나머지도 답이 될 수 있음)

7. 모두 답이 될 수 있음

8. 주관식 예시 답변 - "모든 결정의 순간에 '내가 하고 싶은 것'보다 '하나님이 기뻐하실 것'을 먼저 묻는 습관이 필요하다고 생각합니다. 작은 선택 앞에서도 잠시 멈춰 기도하며 방향을 확인하는 것이 필요할 듯 합니다."

[4과]

1. 모두 답이 될 수 있음

2. ② ⑤

3. ① ② ③ ④ ⑤

4. 모두 답이 될 수 있음

5. 모두 답이 될 수 있음

6. 모두 답이 될 수 있음

7. ① ②

8. 모두 답이 될 수 있음

9. 모두 답이 될 수 있음

10. 주관식 예시 답변 - "경제적으로 여유롭지 않은 가운데서도 정직함을 지키려는 선택이 지금 제가 인내하며 맺어 가는 믿음의 열매입니다. 당장은 손해 같아도 하나님께서 책임지신다는 믿음으로 버티고 있습니다."

[5과]

1. 모두 답이 될 수 있음

2. ① ③ ⑥

3. ① ④ ⑤

4. ① ② ⑤

5. 모두 답이 될 수 있음

6. ① ②

7. 모두 답이 될 수 있음

8. 주관식 예시 답변 - "힘들고 지친 하루를 보낸 후에 기도 자리에서 하나님을 '아버지'라고 부를 때, 내가 하나님의 자녀라는 사실이 가장 선명하게 느껴집니다. 그 순간에 내가 아버지 하나님의 사랑 안에 거하고 있음이 명백한 사실로 여겨집니다."

[6과]

1. 모두 답이 될 수 있음

2. ③ ④ ⑥

3. ① ② ③ ④ ⑤

4. 모두 답이 될 수 있음

5. 모두 답이 될 수 있음

6. 모두 답이 될 수 있음

7. 모두 답이 될 수 있음

8. 주관식 예시 답변 - "상황은 여전히 어렵지만, 하나님이 나와 함께하신다는 확신 때문에 마음 깊은 곳에서 이유 없는 평안과 감사가 올라올 때, 이것이 '상황을 뛰어넘는 기쁨'이라고 생각합니다."

[7과]

1. 모두 답이 될 수 있음

2. 모두 답이 될 수 있음

3. 모두 답이 될 수 있음

4. 모두 답이 될 수 있음

5. 모두 답이 될 수 있음

6. 모두 답이 될 수 있음

7. 모두 답이 될 수 있음

8. 주관식 예시 답변 - "하루의 계획을 세우면서 가장 먼저 말씀 읽는 시간과 기도 시간을 적어 넣었을 때, 믿음이 내 시간표에까지 영향을 끼친다는 생각이 들었습니다. 하나님과 더욱 가까워졌다는 은근한 설레임이 제 가슴에 녹아져 있습니다."

[8과]

1. 모두 답이 될 수 있음

2. 모두 답이 될 수 있음

3. ⑥ (나머지도 답이 될 수 있음)

4. ① ② ③ ④ ⑥ (⑤번도 답이 될 수 있음)

5. 모두 답이 될 수 있음

6. ① ② ③ ④ ⑤ (⑥번도 답이 될 수 있음)

7. ① ② ③ ④ ⑥ (⑤번도 답이 될 수 있음)

8. 주관식 예시 답변 - "교회에서 늘 묵묵히 봉사하며 살아온 선배 성도들이 떠오릅니다. 말없이 뒷자리에서 묵묵히 섬겨온 그분들을 보면서, 나도 '그 길에 함께 서 있다'는 동지 의식을 느낍니다."

[9과]

1. ④ ⑤ ⑥ (나머지도 답이 될 수 있음)

2. ③ ④ ⑤

3. ⑥ (나머지도 답이 될 수 있음)

4. 모두 답이 될 수 있음

5. ④ ⑤ ⑥ (나머지도 답이 될 수 있음)

6. 모두 답이 될 수 있음

7. ④ ⑤ ⑥

8. 주관식 예시 답변 - "믿음이 모든 관계에서 '내가 중심'이 아니라 '하나님이 기뻐하시는 것이 무엇인지'를 묻도록 이끌어 주는 것 같습니다. 믿음이 나로 하여금 사랑과 용서의 방향으로 조금씩 걸음을 옮겨가도록 이끌어 가는 것 같습니다."

[10과]

1. ② ③ ④ ⑤ ⑥

2. 모두 답이 될 수 있음

3. 모두 답이 될 수 있음

4. 모두 답이 될 수 있음

5. 모두 답이 될 수 있음

6. 모두 답이 될 수 있음

7. 모두 답이 될 수 있음

8. 주관식 예시 답변 - "분주한 사역보다 주님과의 관계를 우선순위에 두기로 결단합니다. 매일 말씀과 기도 시간을 나의 일정에 먼저 적어 넣고, 그 시간을 귀하게 여기면서 살아가겠습니다."